L'INSTRUCTION CIVIQUE

MISE

A LA PORTÉE DES ENFANTS

A L'USAGE

DES ÉCOLES PRIMAIRES

Ouvrage orné de gravures intercalées dans le texte

CONFORME AUX PROGRAMMES OFFICIELS

PAR

O. PAVETTE

ANCIEN INSTITUTEUR, INSPECTEUR PRIMAIRE

COURS MOYEN ET SUPÉRIEUR

Inscrit sur la liste des ouvrages fournis gratuitement
par la ville de Paris à ses écoles communales

Obéir à la loi :
Voilà le devoir du bon citoyen.

HUITIÈME ÉDITION

PARIS

LIBRAIRIE CLASSIQUE EUGÈNE BELIN

BELIN FRÈRES

RUE DE VAUGIRARD, 52

1906

Tout exemplaire de cet ouvrage non revêtu de notre griffe sera réputé contrefait.

AVERTISSEMENT

Cet ouvrage est établi à peu près sur le même plan
que *la Morale mise à la portée des enfants*[1] : mais il
est plus succinct. Pour ne pas surcharger la mémoire
des élèves, il n'y a été inséré que les notions indis-
pensables : elles ont été condensées de telle sorte
qu'elles renferment, en peu de mots, tout ce qu'il
faut savoir pour remplir ses devoirs de citoyen. La
forme adoptée est également la même, autant que la
nature des chapitres l'a permis.

Sachant par expérience combien ces notions sont
abstraites, et, par suite, peu intéressantes par elles-
mêmes, je les ai rendues aussi intuitives que possible
en les représentant ou en montrant les choses auxquelles elles se rapportent. Telles, par exemple, les
élections du conseil municipal, du maire et de l'adjoint, la composition de la cour d'assises, la formation du jury, etc. Les élèves verront un budget
communal, des actes de naissance et de décès, une
carte d'électeur, etc. De cette façon, ils saisiront
mieux les leçons du maître, et celui-ci ne sera pas
obligé de répéter tant de fois le même sujet pour être
compris : ce qui entre dans l'esprit par les yeux s'y
grave bien mieux et plus profondément que ce qui y
pénètre par les oreilles seulement.

Les élèves possédant ces notions en sauront assez
pour développer la question qui pourra être donnée

---

1. *Cours moyen et supérieur.* Librairie Belin frères.

sur l'*instruction civique,* comme composition française, à l'examen du certificat d'études primaires.

De même que l'ouvrage de morale (dont il est en quelque sorte le complément), ce livre contient, à la fin de chaque chapitre, un résumé, l'indication des lectures à faire, et quelques sujets de rédaction donnés dans les examens du certificat d'études. Il n'y a été inséré aucune lecture, aucun récit; on a simplement indiqué le titre de quelques morceaux empruntés à des ouvrages très répandus comme livres de lecture : il en résulte que la leçon de lecture sera assez souvent l'application de celle d'instruction civique.

Les sujets de rédaction sont aussi classés dans un ordre identique à celui des développements du chapitre.

Tel est ce petit livre très simple. Puisse-t-il également faciliter aux élèves l'étude des notions qui leur sont nécessaires, et aider les maîtres dans l'accomplissement de leurs délicates et difficiles fonctions!

O. Pavette.

Juillet 1899

L'INSTRUCTION CIVIQUE

MISE

A LA PORTÉE DES ENFANTS

CHAPITRE Iᵉʳ

NOTIONS PRÉLIMINAIRES

———

SOMMAIRE. — 1. *Le citoyen*. Ses obligations et ses droits. — 2. *Obligation scolaire.* — 3. Commission scolaire. — 4. *Service militaire.* — 5. *Paiement de l'impôt.* — 6. *Le vote*. Ce qu'il doit être. — 7. *Déclaration des droits de l'homme et du citoyen.*

1. Le citoyen. — Vous avez probablement remarqué, mon enfant, qu'il y a, presque chaque année, des *élections ;* peut-être avez-vous entendu votre père dire : « Tel jour, j'irai *voter*. » Le droit de vote est l'un des *droits* du *citoyen ;* il y en a d'autres, dont les principaux sont : le droit d'être *éligible*, d'être *témoin*, d'être *juré*, et de parvenir à toutes les fonctions publiques.

Si le citoyen a des droits, il a aussi des *devoirs*, des

obligations envers l'Etat : *l'obéissance aux lois* (*obligation scolaire, service militaire,* etc.), le *paiement de l'impôt* et le *vote.*

L'obéissance aux lois est le plus important des devoirs du citoyen : sans lois, il n'y a pas de société possible.

2. Obligation scolaire. — Actuellement, vous vous soumettez à la loi de *l'obligation scolaire,* qui veut (dans votre intérêt) que vous fréquentiez assidûment l'école depuis six ans jusqu'à treize ans.

3. La loi du 28 mars 1882, en établissant cette obligation, a institué dans chaque commune une *commission scolaire* chargée de surveiller et d'encourager la fréquentation des écoles.

4. Service militaire. — Lorsque vous aurez vingt ans, il faudra obéir à la loi sur le *service militaire.* Vous la trouverez beaucoup plus sévère que la loi sur l'obligation scolaire. Vous aurez à faire preuve de volonté et d'abnégation pour vous plier aux exigences de la discipline : vous devrez obéir à tous vos chefs sans murmurer. Cette obligation ne vous paraîtra pas trop pénible si, dès l'école, vous avez pris la bonne habitude d'être soumis à votre maître. Le sentiment du devoir vous soutiendra.

5. Paiement de l'impôt. — Plus tard, vous aurez à payer des *impôts,* destinés à fournir à l'Etat, au département et à la commune, les sommes dont ils ont besoin pour faire face à toutes leurs dépenses : vous les paierez consciencieusement, car l'impôt est à la fois nécessaire et légitime.

Celui qui cherche à se soustraire à cette obligation, soit par la fraude, soit par la contrebande, fait acte de mauvais citoyen. Il essaye de se justifier en prétendant que : *Faire tort à l'Etat, ce n'est faire tort à personne.* Cela n'est pas vrai ; il commet un acte répréhensible, un véritable *délit.* Qu'il répète fréquemment sa fraude, ou que beaucoup imitent son exemple, les ressources provenant de l'impôt seront moins élevées : alors l'Etat, n'ayant plus assez pour faire face aux dépenses qui intéressent tous les citoyens, sera obligé d'augmenter les impôts existants ou d'en établir d'autres, et les charges nouvelles retomberont sur toute la nation. Il est donc vrai de dire que : *Faire tort à l'État, c'est faire tort à tout le monde.*

6. Le vote. — Enfin, ce sera un devoir pour vous d'exercer votre droit de *vote*, en prenant part à toutes les élections : le vote est *moralement obligatoire*. Il doit être : 1° *libre :* vous ne vous laisserez influencer par personne ; 2° *consciencieux :* vous ne donnerez votre voix [1] qu'à ceux qui vous paraîtront dignes d'être élus ; 3° *désintéressé :* en votant, vous ne vous laisserez pas guider par votre intérêt particulier ; vous songerez seulement à l'intérêt général, au bien du pays.

7. Déclaration des droits de l'homme et du citoyen. — Les Français n'avaient pas, avant 1789, des *droits politiques* [2] bien étendus. Ce n'est que depuis la Révolution qu'ils participent directement au gouvernement de la nation. La *Déclaration des droits de l'homme et du citoyen*, votée en 1789 et insérée en tête de la Constitution de 1791, leur a garanti un ensemble de droits qui, depuis, leur ont toujours été reconnus, parfois avec quelques restrictions dans l'application.

En voici le texte, que vous pourrez apprendre :

Déclaration des droits de l'homme et du citoyen.

Les Représentants du peuple français, constitués en Assemblée nationale, considérant que l'ignorance, l'oubli ou le mépris des droits de l'homme sont les seules causes des malheurs publics et de la corruption des gouvernements, ont résolu d'exposer, dans une déclaration solennelle, les droits naturels, inaliénables et sacrés de l'homme, afin que cette déclaration, constamment présente à tous les membres du corps social, leur

---

1. *Donner sa voix* à quelqu'un signifie : voter pour lui.

2. On entend par *droits civils* ceux qui régissent les rapports des particuliers entre eux : *droits de tutelle, de propriété, de succéder*, etc. Les *droits politiques* sont ceux qui régissent les rapports des particuliers avec l'État considéré comme puissance publique : *égalité de tous les citoyens devant la loi, liberté individuelle, droit d'élection et d'éligibilité*, etc. Ceux qui ont été condamnés pour certains crimes (incendie volontaire, par exemple), sont privés de leurs droits politiques.

rappelle sans cesse leurs droits et leurs devoirs; afin que les actes du pouvoir législatif et ceux du pouvoir exécutif, pouvant être à chaque instant comparés avec le but de toute institution politique, en soient plus respectés; afin que les réclamations des citoyens, fondées désormais sur des principes simples et incontestables, tournent toujours au maintien de la constitution et au bonheur de tous.

En conséquence, l'Assemblée nationale reconnaît et déclare, en présence et sous les auspices de l'Etre suprême, les droits suivants de l'homme et du citoyen :

ART. 1er. — Les hommes naissent et demeurent libres et égaux en droits. Les distinctions sociales ne peuvent être fondées que sur l'utilité commune.

ART. 2. — Le but de toute association politique est la conservation des droits naturels et imprescriptibles de l'homme. Ces droits sont la liberté, la propriété, la sûreté, et la résistance à l'oppression.

ART. 3. — Le principe de toute souveraineté réside essentiellement dans la nation. Nul corps, nul individu ne peut exercer d'autorité qui n'en émane expressément.

ART. 4. — La liberté consiste à pouvoir faire tout ce qui ne nuit pas à autrui; ainsi l'exercice des droits naturels de chaque homme n'a de bornes que celles qui assurent aux autres membres de la société la jouissance de ces mêmes droits. Ces bornes ne peuvent être déterminées que par la loi.

ART. 5. — La loi n'a le droit de défendre que les actions nuisibles à la société. Tout ce qui n'est pas défendu par la loi ne peut être empêché et nul ne peut être contraint à faire ce qu'elle n'ordonne pas.

ART. 6. — La loi est l'expression de la volonté générale. Tous les citoyens ont le droit de concourir personnellement, ou par leurs représentants, à sa formation. Elle doit être la même pour tous, soit qu'elle protège, soit qu'elle punisse. Tous les citoyens, étant égaux à ses yeux, sont également admissibles à toutes dignités, places et emplois publics, selon leur capacité et sans autre distinction que celle de leurs vertus et de leurs talents.

ART. 7. — Nul homme ne peut être accusé, arrêté, ni détenu que dans les cas déterminés par la loi et selon les formes qu'elle a prescrites. Ceux qui sollicitent, expédient, exécutent ou font exécuter des ordres arbitraires, doivent être punis; mais tout citoyen appelé ou saisi en vertu de la loi doit obéir à l'instant : il se rend coupable par sa résistance.

ART. 8. — La loi ne doit établir que des peines strictement et évidemment nécessaires; et nul ne peut être puni qu'en vertu d'une loi établie et promulguée antérieurement au délit et légalement appliquée.

Art. 9. — *Tout homme étant présumé innocent jusqu'à ce qu'il ait été déclaré coupable, s'il est indispensable de l'arrêter, toute rigueur qui ne serait pas nécessaire pour s'assurer de sa personne doit être sévèrement réprimée par la loi.*

Art. 10. — *Nul ne doit être inquiété pour ses opinions, même religieuses, pourvu que leur manifestation ne trouble pas l'ordre public établi par la loi.*

Art. 11. — *La libre communication des pensées et des opinions est un des droits les plus précieux de l'homme : tout citoyen peut donc parler, écrire, imprimer librement, sauf à répondre de l'abus de cette liberté dans les cas déterminés par la loi.*

Art. 12. — *La garantie des droits de l'homme et du citoyen nécessite une force publique : cette force est donc instituée pour l'avantage de tous, et non pour l'utilité particulière de ceux auxquels elle est confiée.*

Art. 13. — *Pour l'entretien de la force publique et pour les dépenses d'administration, une contribution commune est indispensable; elle doit être également répartie entre tous les citoyens, en raison de leurs facultés.*

Art. 14. — *Tous les citoyens ont le droit de constater, par eux-mêmes ou par leurs représentants, la nécessité de la contribution publique, de la consentir librement, d'en suivre l'emploi et d'en déterminer la quotité, l'assiette, le recouvrement et la durée.*

Art. 15. — *La société a le droit de demander compte à tout agent public de son administration.*

Art. 16. — *Toute société dans laquelle la garantie des droits n'est pas assurée, ni la séparation des pouvoirs déterminée, n'a pas de constitution.*

Art. 17. — *La propriété étant un droit inviolable et sacré, nul ne peut en être privé, si ce n'est lorsque la nécessité publique, légalement constatée, l'exige évidemment, et sous la condition d'une juste et préalable indemnité.*

RÉSUMÉ

Le *citoyen* français a des *droits* : droit d'être *électeur, éligible, témoin, juré,* et de parvenir à toutes les fonctions publiques. Il a aussi des *devoirs* : *l'obéissance aux lois (obligation scolaire, service militaire,* etc.), le *paiement de l'impôt* et le *vote.*

Le plus important des devoirs du citoyen est l'obéissance aux lois. La loi concernant l'*obligation scolaire* veut que vous fréquentiez l'école depuis six ans jusqu'à treize ans. Dans chaque commune il y a une *commission scolaire* chargée de surveiller et d'encourager la fréquentation des écoles.

1.

La loi sur le *service militaire* oblige tous les jeunes gens âgés de vingt ans à passer deux années au régiment. Le soldat doit obéir à ses chefs et se soumettre aux exigences de la discipline.

Les *impôts* sont destinés à fournir à l'Etat, au département et à la commune, les sommes dont ils ont besoin pour payer toutes leurs dépenses. L'impôt est à la fois nécessaire et légitime; celui qui cherche à s'y soustraire par la fraude ou la contrebande n'est pas un bon citoyen, car : *Faire tort à l'Etat, c'est faire tort à tout le monde.*

C'est un devoir d'exercer son droit de *vote*, en prenant part à toutes les élections. Le vote doit être libre, consciencieux et désintéressé.

Nos droits civils et politiques sont contenus dans la *Déclaration des droits de l'homme et du citoyen*, votée en 1789 par l'Assemblée nationale constituante.

LECTURES

Qu'est-ce qu'un citoyen? (Bruno, *les Enfants de Marcel*, p. 44.)
Les droits du citoyen. (Bruno, *id.*, p. 50.)
Les obligations du citoyen. L'obligation scolaire. (Bruno, *id.*, p. 68.)
Les lois et le respect qui leur est dû. (Bruno, *Francinet*, p. 249.)
La fraude et la contrebande. (Bruno, *les Enfants de Marcel*, p. 84.)
Droits civils. (Bruno, *Francinet*, p. 366.)
Droits politiques. (Bruno, *id.*, p. 368.)

(Tous ces ouvrages, ainsi que ceux qui sont indiqués dans les chapitres suivants, sont édités par la librairie Belin frères.)

SUJETS DE RÉDACTION DONNÉS AU CERTIFICAT D'ÉTUDES PRIMAIRES

I. — Les obligations du citoyen.

Faites connaître les principaux devoirs du citoyen. (*Alpes-Maritimes.*)

II. — Les droits civils et politiques.

Un homme de votre commune ne jouit plus de ses droits civils et politiques. Dites ce que cela signifie... Racontez pour quel motif il en a été privé... Dites combien sa situation est pénible et humiliante, surtout un jour d'élection. (*Ille-et-Vilaine*, 1893.)

III. — La Déclaration des droits de l'homme et du citoyen.

Dites ce que vous savez de la *Déclaration des droits de l'homme et du citoyen.* — Est-il utile d'enseigner à l'homme et au citoyen ses droits, mais aussi ses devoirs? (*Oise.*)

La commune et la mairie.

CHAPITRE II

LA COMMUNE, LE MAIRE ET LE CONSEIL MUNICIPAL

Sommaire. — 1. *La commune*. Sa formation. — 2. *Le conseil municipal*. — 3. Le budget. — 4. *Le maire. L'adjoint.* — 5. *L'état civil.* — 6. Naissances. — 7. Mariages. — 8. Décès. — 9. *Le canton.* — 10. *L'arrondissement.* — 11. *Le sous-préfet.* — 12. *Le conseil d'arrondissement.*

1. La commune. — Vous connaissez, mon enfant, l'école où vous venez tous les jours, ainsi que la mairie (appelée aussi maison *commune*), l'église, la fontaine, etc.; elles sont, les unes et les autres, des *propriétés communales*, c'est-à-dire qu'elles appartiennent à votre *commune*.

Une commune (ou *village*) est une certaine étendue de territoire limitée par les communes voisines; mais c'est encore et surtout un ensemble de familles dont la plupart remontent à plusieurs générations, qui toutes ont habité cette commune. C'est un groupement naturel de familles qui se connaissent entre elles, vivent de la même vie, ont les mêmes coutumes, les mêmes traditions et des intérêts communs; elles ont éprouvé les mêmes émotions lorsqu'il est survenu parmi elles un événement heureux ou malheureux.

La commune est une *personne morale;* c'est à la fois l'image de la famille et de la patrie : c'est la famille agrandie, c'est une petite patrie dans la grande, et celle-ci n'est autre chose que la réunion de toutes ces familles, de toutes ces communes.

Les hommes sont faits pour vivre en société; ils ont besoin les uns des autres : les familles, après s'être constituées, se sont réunies pour former un village, soit sur le bord d'un cours d'eau, soit auprès d'un bois. C'est ainsi que chaque commune s'est établie à une époque très lointaine, et elle continuera à exister indéfiniment. Elle a son passé, son histoire, à laquelle elle tient beaucoup et dont elle est fière, surtout lorsqu'il s'y rattache un fait glorieux pour ses habitants : aimez bien votre commune, faites qu'elle puisse, un jour, être fière de vous.

2. **Le conseil municipal.** — Chaque commune a des biens à administrer et des intérêts communs à tous les habitants. Qui s'en occupera? Le *conseil municipal*, composé d'un certain nombre de citoyens (dix au moins), *élus* pour quatre ans par les *électeurs* de la commune.

Le conseil municipal règle les affaires de la commune; ses délibérations sont inscrites sur un registre spécial. Les conseillers municipaux se réunissent au moins quatre fois par an, en *session ordinaire.* Les séances ont lieu à la mairie et sont publiques. Ce sera un honneur pour vous d'être, plus tard, conseiller municipal de votre commune.

3. **Le budget.** — L'une des attributions[1] les plus importantes du conseil municipal c'est, lors de la session de mai, le vote du *budget*, c'est-à-dire des recettes et des dépenses de la commune pour l'année suivante.

Voici un exemple de budget communal.

---

1. *Attributions.* Cela veut dire, ici, les affaires dont les conseillers municipaux ont le droit de s'occuper.

Département de.........
Arrondissement de........
Canton de.............

BUDGET
DE LA
commune de. . . . . . .
Pour l'exercice 190...

Population . 350 habitants.
Principal des contrib^ons^ dir^tes^.
Contrib^on^ foncière. 2 825^f^
— personn^lle^ et mob^re^. 562^f^
— des portes et fenêtres. 408^f^
— des patentes..... 376^f^
Total. 4171^f^

TITRE Ier. — Recettes.

N^os^ D'ORDRE	NATURE DES RECETTES	Rece^les^ constatées au dernier compte.	RECETTES PROPOSÉES			Recettes admises par le préfet.	OBSERVATIONS
			par le maire.	par le conseil municipal.	par le sous-préfet.		
	CHAPITRE PREMIER **Recettes ordinaires.**						
1	5 centimes additionnels ordinaires.........	149,75	150 »	150 »	15) »	150 »	
2	Attribution sur les permis de chasse......	80 »	50 »	50 »	50 »	50 »	
3	Attribution sur les patentes.	62,98	56,19	56,19	56,19	56,19	
4	Attribution sur les chevaux et voitures....	8,75	10 »	10 »	10 »	10 »	
	Etc.						

TITRE II. — Dépenses.

N^os^ D'ORDRE	NATURE DES DÉPENSES	Dépenses constatées au dernier compte.	CRÉDITS PROPOSÉS			Crédits alloués par le préfet.	OBSERVATIONS
			par le maire.	par le conseil municipal.	par le sous-préfet.		
	CHAPITRE PREMIER **Dépenses ordinaires.**						
1	Traitement du secrétaire de la mairie...	250 »	250 »	250 »	250 »	250 »	
2	Frais de bureau de la mairie............	50 »	50 »	50 »	50 »	50 »	
3	Entretien de la maison commune	85 »	100 »	100 »	100 »	100 »	
	Etc.						

4. Le maire. — Lorsque le conseil municipal a statué sur les affaires qui lui sont soumises, le *maire* est chargé de l'exécution de la délibération. Si le conseil municipal a voté certaines constructions ou réparations, le maire ordonne les travaux et en surveille l'accomplissement. Il est assisté d'un *adjoint*, qui le remplace en cas d'absence. (Dans les communes importantes, il y a plusieurs adjoints.)

Le maire n'est pas élu de la même façon que les conseillers municipaux ; ce sont ces derniers qui le nomment: ils doivent le choisir parmi eux, c'est-à-dire que, pour être maire, il faut d'abord être conseiller municipal. L'adjoint est élu de la même façon que le maire.

Le maire est le chef de la commune. Vous devez le respecter. Il est le représentant de la commune et celui du gouvernement : il doit seconder celui-ci et veiller à ce que les lois soient observées. Il est chargé de la police municipale. Enfin, il remplit les fonctions d'*officier de l'état civil*.

5. L'état civil. — Les actes destinés à constater l'*état civil* des personnes, c'est-à-dire leur situation dans la société, sont : les actes de *naissance*, de *mariage* et de *décès*. Ils sont inscrits sur des registres spéciaux, tenus en double, et signés par le maire, les déclarants et les témoins ; ceux-ci doivent être âgés de vingt et un ans au moins. (Depuis la loi du 7 décembre 1897, les femmes peuvent être témoins dans les actes de l'état civil.) On peut se faire délivrer copie des actes inscrits sur ces registres.

6. Naissances. — La naissance d'un enfant doit être déclarée dans les trois jours, en présence de deux témoins. Cette déclaration est obligatoire : son omission est punie d'une amende et même de la prison.

Voici l'extrait d'un acte de naissance, qui est analogue au vôtre.

L'an mil huit cent quatre-vingt-dix-neuf, le quatorze mai, par-devant nous, B... Eugène, maire, officier de l'état civil de la commune de C..., arrondissement de Senlis (Oise), a comparu : D... Jules, cultivateur, âgé de trente ans, domicilié en cette commune, lequel nous a présenté un enfant du sexe masculin, né ce jour, à six heures du matin, heure légale, en son domicile, de lui déclarant et de F... Marie, son épouse, âgée de vingt-sept ans, auquel enfant il a déclaré vouloir donner les prénoms de Jules-Henri. Lesdites déclaration et présentation faites en présence de G... Emile, charron, âgé de cinquante ans, et de F... Augustine, sans profession, âgée de vingt-cinq ans, tous deux domiciliés en cette commune. Et ont, le père et les témoins, signé avec nous le présent acte, après lecture faite.

Comme vous le voyez, l'acte de naissance indique le jour, l'heure et le lieu de la naissance ; le sexe de l'enfant et ses prénoms, les nom et prénoms, la profession et le domicile des père et mère ainsi que des témoins.

7. Mariages. — Le mariage est célébré publiquement, à la mairie, par le maire ou l'adjoint, en présence des époux, de leurs père et mère (ou, à défaut, sur présentation d'un acte authentique de leur consentement donné devant un notaire ou devant l'officier de l'état civil de leur domicile) et de quatre témoins, après que les publications ordonnées par la loi ont été faites. Le *mineur* ne peut se marier sans le consentement de ses parents, et, s'il n'a pas d'ascendants, sans le consentement du conseil de famille.

8. Décès. — La déclaration d'un décès doit être faite par deux témoins, parents ou voisins du défunt. L'inhumation ne peut avoir lieu que vingt-quatre heures au moins après le décès, et en vertu d'une autorisation délivrée par le maire ou l'adjoint.

Voici un extrait d'acte de décès.

L'an mil huit cent quatre-vingt-dix-neuf, le deux juin, à midi, par-devant nous, L... François, maire, officier de l'état civil de la commune de R..., arrondissement de Senlis (Oise), ont comparu : P... Joseph, rentier, âgé de soixante-dix ans, et R... Léon, boulanger, âgé de trente ans, tous deux domiciliés en cette commune et voisins du défunt ci-après nommé, lesquels nous ont déclaré que, hier, à onze heures du soir, heure légale, N... Paul-Louis, cultivateur, âgé de cinquante-huit ans, né à E... (Oise), le dix mars mil huit cent quarante et un, fils de M... Louis et de T... Joséphine, décédés, et veuf de B... Henriette, est décédé en son domicile, situé en cette commune. Après nous être assuré du décès, nous avons dressé le présent acte, que les comparants ont signé avec nous, après lecture faite.

L'acte de décès contient donc les nom, prénoms, âge, profession et domicile du défunt et des deux déclarants; les nom et prénoms des père et mère du défunt ainsi que de l'époux survivant ou mort, si le défunt était marié ou veuf.

9. Le canton. — Vous avez certainement remarqué qu'au commencement de chaque année les jeunes gens de votre commune âgés de vingt ans (les *conscrits*) s'en vont — drapeau flottant, tambour battant — au *chef-lieu de canton*, pour se présenter devant le *conseil de revision*. Ils s'y trouvent, le même jour, avec les conscrits de toutes les communes du canton.

Un *canton* est la réunion d'un certain nombre de communes voisines les unes des autres. (Par exception, les grandes villes forment à elles seules un ou plusieurs cantons.) L'une de ces communes (la plus importante habituellement) est choisie comme *chef-lieu* de canton. C'est là que se trouve le *tribunal de simple police* ou *justice de paix*. Chaque canton a un *conseiller général*, un ou deux *conseillers d'arrondissement,* un *juge de paix*, un *greffier de la justice de paix*, un *receveur de l'enregistrement*, un *percepteur*, un *agent voyer*, une *brigade de gendarmerie*, des *employés des contributions indirectes*, un ou plusieurs *notaires* et *huissiers*, etc. Il y a, en outre, une *délégation cantonale*, composée d'un certain nombre de personnes appelées *délégués cantonaux*, qui sont chargées de surveiller les écoles primaires du canton. Vous savez que c'est au chef-lieu de canton qu'a lieu, chaque année, l'examen du certificat d'études primaires.

Le canton n'est pas comme la commune, il n'a pas de propriétés, pas de budget, pas de conseil; c'est une simple division administrative.

10. L'arrondissement. — De même que la réunion d'un certain nombre de communes forme un canton, de même la réunion de plusieurs cantons constitue un *arrondissement*.

11. Le sous-préfet. — L'arrondissement est administré par un *sous-préfet,* nommé par le gouvernement.

12. Le conseil d'arrondissement. — Le sous-préfet est assisté d'un *conseil d'arrondissement* dont les membres sont élus, à raison d'un ou deux pour chaque canton, par tous les électeurs du même canton. Ce conseil se réunit deux fois par an. Il répartit l'impôt direct entre les différentes communes de l'arrondissement.

Il y a, dans chaque arrondissement, un *tribunal de première instance*, un *receveur des finances*, un *inspecteur primaire*, un *lieutenant de gendarmerie*, un *conservateur des hypothèques*, etc., ainsi que les fonctionnaires déjà indiqués pour le chef-lieu de canton. L'arrondissement est, comme le canton, une division administrative; il n'a pas, lui non plus, de propriétés.

De même que plusieurs cantons composent un arrondissement, plusieurs arrondissements forment un *département*.

RÉSUMÉ

La *commune* n'est pas seulement une certaine étendue de territoire, c'est surtout un groupement naturel de familles vivant de la même vie, ayant les mêmes coutumes, les mêmes traditions et des intérêts communs : c'est une petite patrie dans la grande.

Chaque commune a son *conseil municipal*, qui s'occupe des intérêts communs à tous les habitants. Les conseillers municipaux sont élus pour quatre ans par les électeurs de la commune; ils votent le *budget*.

Le *maire* est nommé par les conseillers municipaux, qui le choisissent parmi eux; il en est de même de l'*adjoint*, qui remplace le maire en cas d'absence.

Le maire est à la fois le chef de la commune et le représentant du *gouvernement;* de plus, il remplit les fonctions d'*officier de l'état civil*.

Les actes destinés à constater l'*état civil* des personnes sont : les actes de *naissance*, de *mariage* et de *décès*. Ils sont inscrits sur des registres spéciaux, tenus en double.

La naissance d'un enfant doit être déclarée dans les trois jours, en présence de deux témoins.

Le mariage est célébré publiquement, à la mairie, par le maire ou l'adjoint en présence des époux, de leurs père et mère et de quatre témoins.

La déclaration d'un décès doit être faite par deux témoins. L'inhumation ne peut avoir lieu que vingt-quatre heures après le décès.

Le *canton* est ordinairement la réunion d'un certain nombre de communes. C'est au *chef-lieu de canton* que se rendent les jeunes gens de vingt ans pour la *révision*. C'est là que se trouve la *justice de paix* et que résident divers fonctionnaires. Il y a une *délégation cantonale*. C'est également au chef-lieu de canton qu'a lieu l'examen du certificat d'études primaires. Le canton est une simple division administrative.

L'*arrondissement* est la réunion de plusieurs cantons. Il est administré par un *sous-préfet*, assisté d'un *conseil d'arrondissement*, dont les membres sont élus par les électeurs de chaque canton.

Dans chaque arrondissement, il y a un *tribunal de première instance*, un *receveur des finances*, un *inspecteur primaire*, un *lieutenant de gendarmerie*, etc. L'arrondissement est, comme le canton, une division administrative.

Plusieurs arrondissements composent un *département*.

LECTURES

La commune et les biens communaux. (Bruno, *les Enfants de Marcel*, p. 116.)
Les communes héroïques de la France. (Bruno, *id.*, p. 123.)
Les conseils municipaux. (Bruno, *le Tour de la France*, p. 99.)
La mairie et le conseil municipal. — L'état civil. (Bruno, *les Enfants de Marcel*, p. 120.)
L'exemple donné par le maire. (Bruno, *id.*, p. 111.)
Actes de l'état civil. (Bruno, *Francinet*, p. 366.)

SUJETS DE RÉDACTION DONNÉS AU CERTIFICAT D'ÉTUDES PRIMAIRES

I. — La commune.

La commune; son administration. Attributions du maire et des conseillers municipaux. (*Gard*, 1893.)

II. — L'administration de la commune.

Qu'est-ce qu'une commune? Par qui est-elle administrée? Comment se fait l'élection des membres du conseil municipal? Qui nomme le maire? Quelles sont les attributions du conseil municipal? (*Meurthe-et-Moselle.*)

III. — La mairie.

Qu'est-ce que la mairie? Principaux actes qui s'y accomplissent. (*Seine.*)

IV. — L'organisation administrative.

Un de vos camarades n'a pas une idée bien nette du régime administratif de la France. Dites-lui sous forme de lettre ce que vous savez sur l'organisation communale et départementale, les arrondissements et les cantons. (*Vaucluse.*)

Le conseil général.

CHAPITRE III

LE DÉPARTEMENT, LE PRÉFET ET LE CONSEIL GÉNÉRAL

SOMMAIRE. — 1. *Le département.* — 2. *Le conseil général.* — 3. Le budget départemental. — 4. La commission départementale. — 5. *Le préfet.* — 6. *Le secrétaire général.* — 7. Division de la France en départements, en arrondissements, en cantons et en communes.

1. Le département. — De même que la commune, le département n'est pas seulement une certaine étendue de territoire (limitée par les départements voisins), c'est une collection de personnes ayant les mêmes intérêts, les mêmes finances publiques, etc. ; c'est un ensemble de communes formant une espèce de petit Etat s'administrant lui-même, sans pour cela cesser d'appartenir à la grande patrie française. Vous devrez faire ce qui dépendra de vous pour contribuer à la prospérité de votre département.

Comme la commune, il est aussi une *personne civile*, c'est-à-dire capable de disposer de ses propriétés, de ses ressources, etc.

2. Le conseil général. — Il a également un *conseil* chargé de veiller à ses intérêts : c'est le *conseil général*, composé d'autant de membres qu'il y a de cantons dans le département. Chaque canton élit pour six ans un *conseiller général*.

Le conseil général se réunit deux fois par an en session ordinaire. Il peut émettre des avis et des vœux sur les questions d'administration générale, c'est-à-dire intéressant le département et l'État. Les séances ont lieu à la préfecture et sont publiques.

3. Le budget départemental. — Le conseil général vote le budget du département. Ce budget est analogue à celui de la commune : c'est le tableau des recettes et des dépenses de l'année suivante. Les recettes sont fournies par un certain nombre de centimes additionnels [1] ajoutés aux contributions directes; les dépenses sont affectées à l'acquisition et à l'entretien des propriétés départementales : préfecture, sous-préfectures, tribunaux, écoles normales, casernes de gendarmerie, etc., et aux dépenses d'utilité départementale : routes, chemins de fer départementaux, etc.

4. La commission départementale. — Dans l'intervalle des sessions, le conseil général est remplacé par une *commission départementale* choisie parmi ses membres, et qui doit se réunir au moins une fois par mois; elle contrôle la gestion financière du préfet et elle délibère sur les affaires qui lui ont été renvoyées par le conseil général.

5. Le préfet. — Le *préfet*, nommé par le président de la République, est le chef et le représentant du département qu'il est chargé d'administrer. Il est en même temps le représentant du gouvernement, et, comme tel, il veille à l'exécution des lois, transmet aux maires, par l'intermédiaire des sous-préfets, les instructions ministérielles, est chargé de la police générale, etc. Il dirige les affaires du département, dont il est le premier magistrat, et nomme un assez grand nombre de fonctionnaires et

---

1. On appelle *centimes additionnels* les impositions supplémentaires ajoutées aux impôts déjà votés par le Parlement, pour subvenir aux dépenses du département ou de la commune.

d'employés de l'administration. Les budgets communaux sont soumis à son approbation. Il a droit à votre respect et à celui de tous les habitants du département.

Comme représentant du département, il fait exécuter les décisions du conseil général, prépare le budget, en un mot, s'occupe de tous les intérêts du département, et par conséquent des communes.

6. **Le secrétaire général**. — Le préfet ne pourrait pas s'occuper de toutes ces affaires ; c'est pourquoi il est assisté d'un *secrétaire général*, nommé aussi par le gouvernement. Le secrétaire général aide le préfet, dont il est l'auxiliaire ; il le remplace en cas d'absence : il est pour le préfet ce que l'adjoint est pour le maire.

Il y a dans chaque département une *cour d'assises*, un *général*, un *évêque*, un *trésorier-payeur général*, un *inspecteur d'académie*, un *directeur des contributions directes* et un *directeur des contributions indirectes*, un *directeur des postes et télégraphes*, etc.

7. — La constitution de 1791 a divisé la France en départements ; ceux-ci ont remplacé les 32 provinces qui la composaient. Il y a, actuellement, 86 départements, 362 arrondissements, 2871 cantons, et environ 36000 communes.

RÉSUMÉ

Le *département* est une collection de personnes ayant les mêmes intérêts, les mêmes propriétés, etc. ; c'est un ensemble de communes formant une espèce de petit État s'administrant lui-même, sous le contrôle du gouvernement. Il est aussi, comme la commune, une *personne civile*, c'est-à-dire pouvant disposer de ses ressources.

Le département a un *conseil* chargé de veiller à ses intérêts : c'est le *conseil général*, composé d'autant de membres qu'il y a de cantons dans le département. Le conseil général se réunit deux fois par an en session ordinaire. Il vote le budget du département, qui est analogue à celui de la commune.

Dans l'intervalle des sessions, le conseil général est remplacé par la *commission départementale*, qui délibère sur les affaires qu'il lui a renvoyées.

Le *préfet* est le représentant du département et en même

temps du gouvernement. Il est chargé de l'exécution des lois et de la police générale ; il dirige les affaires du département et fait exécuter les décisions du conseil général.

Le préfet est assisté d'un *secrétaire général*, qui le remplace en cas d'absence.

La Constitution de 1791 a divisé la France en départements. Actuellement, il y a 86 départements, 362 arrondissements, 2871 cantons et environ 36 000 communes.

LECTURES

Le préfet, le conseil général et le département. (Bruno, *les Enfants de Marcel*, p. 133.)

Le dévouement au devoir professionnel. Histoire de plusieurs préfets français. (Bruno, *id.*, p. 136.)

SUJETS DE RÉDACTION DONNÉS AU CERTIFICAT D'ÉTUDES PRIMAIRES

I. — Le département.

Dites brièvement ce que vous savez de l'administration du département. (*Maine-et-Loire*.)

II. — Le conseil général.

Dites ce que c'est que le conseil général, comment il est nommé et quelles sont ses attributions. (*Haute-Loire*.)

III. — Le préfet.

Par qui le préfet est-il nommé? Ses fonctions. (*Finistère.*)

Le vote.

CHAPITRE IV

LA SOUVERAINETÉ NATIONALE. LE SUFFRAGE UNIVERSEL. LES ÉLECTIONS.

SOMMAIRE. — 1. *La souveraineté nationale.* — 2. La République. — 3. Limites de la souveraineté nationale. — 4. *Le suffrage universel.* — 5. Personnes élues au suffrage universel. — 6. Éligibilité. — 7. *Les élections.* — 8. Carte d'électeur. — 9. Le vote. — 10. Bureau électoral. — 11. Dépouillement du scrutin. — 12. Exemple de l'élection du conseil municipal, du maire et de l'adjoint.

1. La souveraineté nationale. — La nation française est la réunion de tous les Français habitant la France.

Vous vous rappelez, mon enfant, que l'article 3 de la *Déclaration des droits de l'homme et du citoyen* est ainsi conçu : « Le principe de toute *souveraineté* réside essentiellement dans la *nation.* Nul corps, nul individu ne peut exercer d'autorité qui n'en émane expressément. » C'est ce qu'on nomme la *souveraineté nationale*, principe des sociétés modernes et base de l'organisation politique de la France.

2. La République. — C'est donc la nation qui est le véritable souverain. Depuis 1789, la France a eu différents gouvernements. Depuis 1870, c'est la *République*, véritable gouvernement de la nation par elle-même, car le peuple y est le seul maître de ses destinées. C'est la troisième République : la première a duré de 1792 à 1804 ; la deuxième, de 1848 à 1852.

3. — La souveraineté nationale a des limites; elle doit respecter les droits naturels de l'homme, contenus dans la déclaration des principes de 1789 : la liberté de conscience, la liberté individuelle et la propriété. Elle ne peut imposer ni défendre aucune croyance; elle ne peut priver aucun individu de sa liberté, ni lui enlever ce qu'il possède : en dehors des cas de crime ou de délit, un citoyen ne peut pas être arrêté, son domicile est inviolable.

4. Le suffrage universel. — La souveraineté nationale s'exerce par le *suffrage universel*, c'est-à-dire par le vote de tous les citoyens français âgés de vingt et un ans et jouissant de leurs droits civils et politiques. C'est la République de 1848 qui a établi le suffrage universel en France.

5. — Les personnes élues au suffrage universel, *directement*, par tous les électeurs, sont :

Les conseillers municipaux; les conseillers d'arrondissement; les conseillers généraux; les députés. Vous prendrez part à leur élection lorsque vous aurez vingt et un ans.

Quant aux sénateurs, ils sont élus au suffrage universel *indirect* (il en est à peu près de même pour les maires et les adjoints).

6. — Pour être *éligible*, c'est-à-dire pour pouvoir exercer les fonctions de conseiller municipal, général, ou d'arrondissement et de député, il faut être âgé de vingt-cinq ans au moins : par exception, les sénateurs doivent avoir au moins quarante ans.

7. Les élections. — Pour prendre part aux élections, il ne suffit pas d'avoir vingt et un ans : il faut, en outre, être inscrit sur la liste électorale de la commune où l'on réside depuis six mois au moins au 31 mars.

Elle est dressée au mois de janvier et arrêtée le 31 mars de la même année; elle contient les nom, prénoms, âge et profession de tous les électeurs.

8. — Lorsqu'une élection doit avoir lieu, le maire fait parvenir aux électeurs de la commune une carte analogue à celle qui est reproduite ci-contre.

Département de l'Oise

COMMUNE

d______________

N°______ de la liste

*Délivrée à M*______________

*Profession*______________

*Domicile*______________

Sceau de la Mairie.

RÉPUBLIQUE FRANÇAISE

RENOUVELLEMENT TRIENNAL

du Conseil général et des Conseils d'arrondissement

ÉLECTIONS DU 28 JUILLET 1895

CARTE D'ÉLECTEUR

Signature du Maire.

Nota. — Cette carte devra être représentée au moment du vote et conservée pour le cas d'un second scrutin. — Le second scrutin, s'il y a lieu d'y procéder, aura lieu le dimanche 4 août

9. Le vote. — Le vote a lieu ordinairement le dimanche, à la mairie ; il est *secret*, c'est-à-dire que personne ne le connaît : pour cela, l'électeur plie son *bulletin de vote* et le remet au président du bureau qui le dépose dans une *urne* (espèce de boîte fermée à clef).

10. — Le bureau électoral est composé d'un président, de quatre assesseurs et d'un secrétaire, choisis parmi les électeurs.

Demandez à votre père la permission de l'accompagner lorsqu'il ira voter, vous verrez comment les choses se passent. Vous constaterez qu'il présente sa carte d'électeur au président ; celui-ci lit son nom tout haut afin que l'un des assesseurs puisse contrôler ce nom sur la *liste d'émargement*, qui est la copie de la liste électorale. Ensuite votre père remet au président son bulletin de vote, qui est introduit dans l'urne en sa présence.

Le *scrutin* dure ordinairement de huit heures du matin à six heures du soir.

11. — Quand il est clos, on procède à son *dépouillement*, en comptant les voix obtenues par chaque candidat. Pour être élu au premier tour, il faut avoir la *majorité absolue*, c'est-à-dire un nombre de voix au moins égal à la moitié plus un des suffrages exprimés et au quart des électeurs inscrits. Au deuxième tour, qui a lieu huit ou quinze jours plus tard, la *majorité relative* suffit : le candidat ayant obtenu le plus de voix est élu.

12. — Tout cela est un peu abstrait pour vous, difficile à saisir. Afin que vous compreniez mieux comment se font les élections, nous allons les représenter. Tous ceux d'entre vous qui savent écrire seront *électeurs ;* ils choisiront parmi leurs camarades les dix élèves qu'ils considèrent comme les plus raisonnables de l'école et inscriront ces dix noms les uns au-dessous des autres, sur une feuille de papier blanc. Vous viendrez, à tour de rôle, déposer votre *bulletin de vote* dans cette boîte à craie, qui servira d'*urne*. Pour former le *bureau électoral*, dont je serai le président, je vais prendre, comme *assesseurs*, les deux élèves les plus âgés et les deux élèves les plus jeunes.

L'un des plus âgés mettra une croix au crayon en face de votre nom, sur le registre d'appel (qui sera la *liste d'émargement*), pour marquer ceux qui auront voté. Maintenant, nous allons *dépouiller* le *scrutin*. Je compte les bulletins, puis j'en déplie un ; je lis les dix noms qui s'y trouvent et qui vont être inscrits sur deux listes par les deux assesseurs les plus âgés, avec le chiffre 1 en regard. Ce chiffre sera ajouté en face de chaque nom autant de fois que celui-ci sera inscrit sur les bulletins de vote. On va compter les suffrages ; nous nous contenterons de la *majorité relative*, c'est-à-dire que ce sont les dix élèves qui auront le plus de voix qui seront élus et représenteront le conseil municipal.

Ces dix élèves vont mettre, sur un morceau de papier, le nom de celui d'entre eux qu'ils jugent le plus sage et qui sera chargé de surveiller les rangs à la sortie de la classe. C'est Jean qui a obtenu le plus de voix : il représente le maire. On va procéder de la même manière pour élire celui qui représentera l'adjoint. C'est Louis qui a eu le plus de voix : il remplacera Jean pour la surveillance lorsque celui-ci sera absent.

RÉSUMÉ

La *souveraineté nationale* est la base de l'organisation politique de la France ; c'est le gouvernement de la *nation* par la *nation*, c'est-à-dire le droit qu'ont les citoyens de choisir librement leurs représentants chargés de faire les lois.

Depuis 1789, la France a eu différents gouvernements. Depuis 1870, elle est en *République*, véritable gouvernement de la nation par elle-même.

La souveraineté nationale a pour limites : la liberté de conscience, la liberté individuelle et la propriété. Elle s'exerce par le *suffrage universel*, c'est-à-dire par le vote de tous les citoyens français âgés de vingt et un ans et jouissant de leurs droits civils et politiques.

C'est par le suffrage universel *direct* que sont élus les conseillers municipaux, les conseillers d'arrondissement, les conseillers généraux et les députés : pour être éligibles, ils doivent avoir au moins vingt-cinq ans. Quant aux sénateurs, ils sont élus au suffrage universel *indirect*, et doivent être âgés de quarante ans.

Pour prendre part aux *élections*, il faut être inscrit sur la *liste électorale*, dressée au mois de janvier, et arrêtée le 31 mars de chaque année. Lorsqu'une élection a lieu, chaque électeur reçoit une carte portant ses nom, prénoms, profession, etc.

Le *vote* a lieu à la mairie, le dimanche; il est *secret* : chaque électeur plie son *bulletin de vote*, qui est déposé dans l'*urne* par le président du *bureau*.

Le bureau électoral est composé du maire (ou d'un conseiller municipal), président, de quatre assesseurs et d'un secrétaire.

Le *scrutin* dure ordinairement de 8 heures du matin à 6 heures du soir. Quand il est clos, on le *dépouille*, en comptant les voix obtenues par chaque candidat. Pour être élu au premier tour, il faut avoir la *majorité absolue*, c'est-à-dire un nombre de voix égal à la moitié plus un des suffrages exprimés et au quart des électeurs inscrits; au deuxième tour, la *majorité relative* suffit : le candidat ayant obtenu le plus de voix est élu.

LECTURES

Le vote. (Bruno, *les Enfants de Marcel*, p. 201.)
Le vote. (Bruno, *Francinet*, p. 255.)
Dignité de l'électeur. (Bruno, *les Enfants de Marcel*, p. 203.)
Le vote des écoliers. (Bruno, *Instruction morale et civique*, p. 128.)

SUJETS DE RÉDACTION DONNÉS AU CERTIFICAT D'ÉTUDES PRIMAIRES

I. — Le suffrage universel.

Dites ce que c'est que le suffrage universel, depuis quand il est établi en France, quelles sont les personnes élues au suffrage universel, etc. (*Meurthe-et-Moselle.*)

II. — Une élection.

Écrivez à un de vos amis que vous avez accompagné votre père lorsqu'il est allé voter; vous lui direz ce que vous avez vu : vote, dépouillement du scrutin, etc. (*Landes.*)

III. — Le vote.

Le vote est l'exercice d'un droit et un devoir. Expliquez-le... Quels sont ceux qui ont le droit de voter?... Dans quelles circonstances exercent-ils ce droit?... Que doivent faire les électeurs pour bien voter?... (On ne parlera que de l'exercice du suffrage universel.) (*Jura*, 1893.)

La Chambre des députés.

CHAPITRE V

L'ÉTAT. LA CONSTITUTION. LE POUVOIR LÉGISLATIF. LA LOI.

———

SOMMAIRE. — 1. *L'État.* — 2. Les trois pouvoirs : législatif, exécutif, judiciaire. — 3. *La Constitution de 1875.* — 4. *Le pouvoir législatif.* — 5. Chambre des députés. — 6. Sénat. — 7. *La loi.* — 8. Comment se font les lois. — 9. Comment elles sont promulguées.

1. L'Etat. — De même que la commune est un groupement naturel de familles et le département une collection de communes ayant, les unes et les autres, les mêmes intérêts, l'*Etat* est l'ensemble de toutes les familles, de toutes les communes, en un mot, la réunion de tous les habitants soumis aux mêmes lois et au même gouvernement : c'est la *France*.

Comme la commune et le département, l'Etat a des propriétés : palais, musées, grands établissements d'instruction, forts, navires, forêts, canaux, etc., etc.

2. — Autrefois l'Etat était gouverné par un seul homme, maître de la vie, de la liberté et des biens de ses sujets. « L'Etat, c'est moi, » disait Louis XIV. Souvent, ce maître abusait de son pouvoir pour exercer sur ses sujets une tyrannie odieuse. La plupart des peuples ont compris qu'il est dangereux d'abandonner tous les pouvoirs aux mêmes hommes. Ils ont partagé les pouvoirs entre trois catégories de personnes, qui équilibrent leurs droits de manière que la tyrannie des unes ou des autres devienne impossible : aux unes, on a donné le pouvoir de faire les lois, ou pouvoir *législatif;* à d'autres, celui de faire exécuter ces lois, ou pouvoir *exécutif;* à d'autres, enfin, celui de punir les violations de la loi, ou pouvoir *judiciaire.*

3. **La Constitution de 1875.** — La *Constitution* est l'ensemble des lois fondamentales qui organisent le gouvernement de l'Etat, et qu'on nomme aussi lois *constitutionnelles.* C'est en 1875 qu'a été votée la Constitution qui nous régit actuellement et qui établit le gouvernement républicain.

Elle confie le pouvoir législatif à un *Parlement* composé de deux assemblées : la *Chambre des députés* et le *Sénat,* et le pouvoir exécutif au *président de la République* et aux *ministres.*

Vous avez vu un exemple de ces deux pouvoirs en étudiant la commune et le département : le conseil municipal et le conseil général représentent le pouvoir législatif, de même que le maire et le préfet exercent le pouvoir exécutif.

4. **Le pouvoir législatif.** — C'est, avons-nous dit, le pouvoir de faire les lois. Il est confié actuellement à deux assemblées, la Chambre des députés et le Sénat; l'une et l'autre siègent à Paris : la première au Palais-Bourbon, la seconde au Luxembourg. Réunies en *Assemblée nationale,* au palais de Versailles, elles nomment le président de la République et peuvent reviser la Constitution.

5. **Chambre des députés.** — Elle est élue, pour quatre ans, par le suffrage universel direct, à raison d'un député par arrondissement; quand le nombre des habi-

tants d'un arrondissement dépasse 100000, il y a un député de plus par fraction de 100000 habitants.

Comme le Sénat, la Chambre des députés fait les lois; mais c'est elle qui vote, la première, le budget et les lois de finances. Elle élit son *bureau*, composé d'un président, de vice-présidents et de secrétaires. Ses séances sont publiques.

Il y a environ cinq cent quatre-vingts députés.

6. Sénat. — Il est composé de trois cents membres élus, pour neuf ans (mais renouvelables par tiers tous les trois ans), par le suffrage universel indirect.

Les sénateurs sont élus, dans chaque département, au *scrutin de liste,* par un *collège électoral* composé des députés, des conseillers généraux, des conseillers d'arrondissement et des délégués des conseils municipaux, appelés délégués *sénatoriaux*. L'élection a lieu au chef-lieu du département, à la majorité absolue pour les deux premiers tours de scrutin, à la majorité relative pour le troisième.

Le Sénat peut autoriser le président de la République à dissoudre la Chambre des députés.

7. La loi. — La loi est l'expression de la volonté nationale. Ceci a besoin d'être expliqué.

Vous n'entendez jamais dire à votre père qu'il a pris part à la confection d'une loi; il est impossible que tous les électeurs exercent directement le pouvoir législatif, c'est-à-dire se réunissent et s'entendent pour voter les lois. Alors ils choisissent librement des représentants (députés et sénateurs), qu'ils chargent de faire les lois à leur place; c'est, en réalité, comme s'ils votaient eux-mêmes ces lois : voilà pourquoi l'on peut dire que la loi est l'expression de la volonté générale.

8. — Vous êtes probablement curieux de savoir comment se fait une loi : c'est assez compliqué.

Le *projet* de loi peut être présenté par le gouvernement, c'est-à-dire par les ministres, et porté au Sénat ou à la Chambre des députés; mais chacune de ces deux assemblées peut aussi être saisie d'une *proposition* de loi rédigée par un ou plusieurs de ses membres.

Prenons un projet de loi présenté à la Chambre des députés. Celle-ci nomme, pour l'examiner, une *commission* spéciale qui l'adopte, ou le modifie ; la commission choisit ensuite un *rapporteur* chargé de faire connaître et d'expliquer, dans un *rapport*, ses décisions.

Le projet de loi est alors discuté en séance publique. Les députés peuvent proposer des *amendements* ou modifications au texte arrêté par la commission. On vote. S'il est accepté, il est généralement soumis à une *seconde lecture*, c'est-à-dire à une *seconde délibération*, analogue à la première. S'il est encore accepté, ce n'est pas fini ; il est renvoyé au Sénat, où il est soumis aux mêmes formalités qui viennent d'être indiquées.

Si le Sénat, en le discutant, y apporte une modification, le projet retourne à la Chambre des députés, qui l'accepte ou le rejette : si elle l'accepte, la loi est votée. Comme vous le voyez, il faut que les deux assemblées soient complètement d'accord.

9. — Lorsque la loi est votée, elle est *promulguée* par le président de la République, c'est-à-dire insérée au *Journal officiel :* elle est alors définitive, et tous les citoyens doivent s'y soumettre.

RÉSUMÉ

L'*État* est la réunion de tous les habitants soumis aux mêmes lois et au même gouvernement : pour nous, c'est la *France*.

Il y a trois *pouvoirs*, qui doivent être distincts : celui de faire les lois, ou pouvoir *législatif;* celui de les faire exécuter, ou pouvoir *exécutif;* enfin, celui d'en punir la violation, ou pouvoir *judiciaire*, exercé par les *juges* des différents *tribunaux*.

La France est régie par la *Constitution* de 1875, qui confie le pouvoir législatif à la *Chambre des députés* et au *Sénat*, et le pouvoir exécutif au *président de la République* et aux *ministres*.

Le pouvoir législatif est exercé par deux assemblées, la Chambre des députés et le Sénat, qui siègent à Paris. Réunies en *Assemblée nationale*, à Versailles, elles nomment le président de la République et peuvent reviser la Constitution.

La Chambre des députés est élue, pour quatre ans, par le

suffrage universel direct. Elle vote, la première, le budget et les lois de finances. Il y a environ cinq cent quatre-vingts députés.

Le Sénat est composé de trois cents membres élus, pour neuf ans (mais renouvelables par tiers tous les trois ans), par le suffrage universel indirect. Les sénateurs sont élus par un corps électoral composé des députés, des conseillers généraux, des conseillers d'arrondissement et des délégués des conseils municipaux.

Le Sénat peut autoriser le président de la République à dissoudre la Chambre des députés.

La *loi* est l'expression de la volonté nationale. Les lois sont, en effet, votées par les députés et les sénateurs, que les citoyens ont librement choisis. Elles ne sont définitives que lorsqu'elles ont été acceptées par les deux Chambres : elles sont alors promulguées au *Journal officiel* par le président de la République.

LECTURES

L'Etat. (Bruno, *Francinet*, p. 249.)
La Constitution. — Les trois pouvoirs de l'Etat. (Bruno, *les Enfants de Marcel*, p. 199.)
La Chambre des députés, le Sénat. (Bruno, *le Tour de la France*, p. 295.)
La loi. (Bruno, *les Enfants de Marcel*, p. 197.)
Le respect dû à la loi. (Bruno, *le Tour de la France*, p. 214.)

SUJETS DE RÉDACTION DONNÉS AU CERTIFICAT D'ÉTUDES PRIMAIRES

I. — Le pouvoir législatif.

Le pouvoir législatif en France. — Est-il partagé? Si oui, entre qui? Mode de nomination, durée du mandat, attributions. (*Corse*.)

II. — Les législateurs.

Les députés et les sénateurs... Comment sont-ils élus?... Comment se fait une loi? (*Gard*, 1893.)

III. — La loi.

Dites comment se fait une loi, et quelles obligations la loi, une fois faite, impose à tous les citoyens. — Connaissez-vous quelques lois? Lesquelles? (*Oise*, 1898.)

Le président de la République.

CHAPITRE VI

LE POUVOIR EXÉCUTIF. LE PRÉSIDENT DE LA RÉPUBLIQUE. LES MINISTRES

SOMMAIRE. — 1. *Le pouvoir exécutif.* — 2. *Le président de la République.* Ses attributions. — 3. *Les ministres.* — 4. *Ministère de l'Intérieur.* — 5. *Ministère des Affaires étrangères.* — 6. *Ministère des Finances.* — 7. Impôts. — 8. Contributions directes. — 9. Contributions indirectes. — 10. Le budget de l'Etat. — 11. *Ministère des Colonies.* — 12. *Ministère des Travaux publics.* — 13. *Ministère de l'Agriculture.* — 14. *Ministère du Commerce et de l'Industrie.*

1. Le pouvoir exécutif. — Le *pouvoir exécutif* est, avons-nous dit, le pouvoir de faire exécuter les lois ; il est exercé par le président de la République avec l'aide des ministres ; ceux-ci sont secondés par des fonctionnaires placés sous leur direction.

2. Le président de la République. — Le *président de la République* est le chef de l'Etat, le représentant de la France, et son premier magistrat : tous, nous lui devons le respect.

Il est élu pour sept ans par le *Congrès*, c'est-à-dire par

les députés et les sénateurs réunis à Versailles ; il réside à Paris, au palais de l'Elysée. Ses attributions sont nombreuses.

Comme chef du *pouvoir exécutif*, il promulgue les lois, c'est-à-dire les porte à la connaissance de tous les citoyens, et, par des *décrets*, en assure l'exécution. Il nomme à un grand nombre d'emplois civils et militaires ; il négocie et ratifie les traités. Les ambassadeurs des puissances étrangères sont accrédités auprès de lui.

En ce qui concerne le *pouvoir législatif*, il convoque le Parlement, et a le droit de lui présenter des projets de loi ; il peut, avec l'autorisation du Sénat, dissoudre la Chambre des députés.

Au point de vue de la *justice*, il a le droit de faire grâce aux condamnés.

Les présidents de la République, depuis 1875, sont : le maréchal de Mac-Mahon, Grévy, Carnot, Casimir-Périer, Faure, Loubet et Fallières.

3. Les ministres. — Les *ministres* sont les auxiliaires du président de la République, qui les choisit ordinairement parmi les membres des deux Chambres : en réalité, ce sont eux qui gouvernent.

Les ministres se réunissent en *conseil*, soit sous la présidence du président de la République, soit sous la présidence de l'un d'eux appelé *président du conseil*, pour examiner les questions importantes.

Il y a actuellement onze ministres ; ce sont : les ministres de l'*Intérieur* ; des *Affaires étrangères* ; des *Finances* ; de la *Justice* ; de la *Guerre* ; de la *Marine* ; de l'*Instruction publique et des Beaux-Arts* ; des *Colonies* ; des *Travaux publics* ; de l'*Agriculture* ; du *Commerce et de l'Industrie*.

4. Ministère de l'Intérieur. — Ce ministère est l'un des plus importants, parce que c'est à lui qu'est confiée l'administration *intérieure* de la France. Il est chargé du service de la police, c'est-à-dire du maintien de l'ordre public. Le ministre de l'Intérieur a sous son autorité les préfets, les sous-préfets et les maires.

5. Ministère des Affaires étrangères.—Comme son nom l'indique, ce ministère s'occupe des relations politiques et commerciales de la France avec les puissances *étrangères*, par l'intermédiaire des agents diplomatiques: *ambassadeurs, ministres plénipotentiaires*, etc. Ces agents diplomatiques sont chargés de renseigner le ministre des Affaires étrangères sur toutes les questions qui peuvent intéresser notre pays.

6. Ministère des Finances. — Ce ministère est ainsi appelé parce qu'il est chargé de veiller à la bonne administration des *finances*, c'est-à-dire des ressources dont l'Etat a besoin pour payer ses dépenses. Ces ressources lui sont fournies par les *impôts*. Le ministre des Finances prépare chaque année le *budget de l'Etat* et le soumet au Parlement.

7. Impôts. — L'*impôt*, ou *contribution*[1], est la part *contributive* de chaque citoyen dans les dépenses publiques. Vous savez qu'il y a deux sortes de contributions: les *contributions directes* et les *contributions indirectes*.

8. Contributions directes. — Elles sont ainsi appelées parce qu'elles sont payées *directement* au percepteur; le montant de ces contributions est fixé à l'avance et inscrit sur un *bordereau* ou *avertissement*, qui est remis à chaque contribuable au commencement de l'année. Demandez à votre père de vous en montrer un : vous y verrez qu'il y a plusieurs sortes de contributions directes. Elles sont au nombre de quatre :

1° La *contribution personnelle-mobilière*, due par toute *personne* non indigente, et établie d'après la valeur du loyer;

2° La *contribution des portes et fenêtres*, due pour les ouvertures des habitations;

---

1. *Impôt, contribution.* Ces deux mots sont à peu près synonymes, en ce sens qu'ils désignent l'un et l'autre les sommes que l'on doit payer. Cependant, le deuxième convient mieux que le premier. Avant 1789, ces sommes étaient *imposées* aux habitants sans qu'ils fussent consultés, et souvent d'une façon arbitraire; tandis qu'aujourd'hui les citoyens peuvent être considérés comme ayant voulu *contribuer* aux dépenses de l'Etat, puisque celles-ci ne peuvent être fixées que par les représentants qu'ils ont choisis.

3° La *contribution foncière*, due pour les immeubles que l'on possède, tels que maisons, terres, etc.;

4° La *contribution des patentes*, payée par ceux qui exercent une industrie ou un commerce.

Il y a, en outre, des *taxes* diverses sur les chiens, les chevaux et voitures, les vélocipèdes, etc.

Vous vous demandez probablement où vont toutes les sommes remises aux percepteurs; ceux-ci les versent chez les receveurs particuliers, qui les envoient aux trésoriers-payeurs généraux : ces derniers les font parvenir au *Trésor*, c'est-à-dire au ministère des finances.

9. Contributions indirectes. — Ce sont celles que l'on paye à l'Etat *indirectement*, sans s'en apercevoir en quelque sorte. Ainsi, quand vous allez chez l'épicier acheter un kilo de sucre pour votre mère, vous ne vous apercevez pas, en donnant votre argent, que vous payez un impôt; cependant, il en est ainsi. Le fabricant, en effet, avant d'envoyer ce sucre, a payé à l'Etat un impôt qu'il se fait rembourser par l'épicier : celui-ci, à son tour, vous a fait payer la somme qu'il a versée au fabricant.

Les contributions indirectes se divisent en *impôts de consommation* (sur les boissons, le sel, le sucre, les allumettes, etc.), et en *droits* de douane, de timbre et d'enregistrement.

Les droits de douane sont perçus sur les marchandises étrangères à leur entrée en France : celui qui cherche à se soustraire à cet impôt par la *contrebande*, c'est-à-dire en cachant les marchandises, fait acte de mauvais citoyen. Les droits d'octroi sont perçus à l'entrée de quelques villes. Les droits de timbre et d'enregistrement sont payés pour certains actes : ventes, achats, etc., chez les receveurs de l'enregistrement.

10. Le budget de l'Etat. — Ce budget s'élève à la somme énorme de plus de 3 milliards : ce sont les recettes et les dépenses autorisées, votées pour l'année par le Parlement. Les recettes sont fournies principalement par les impôts qui viennent d'être indiqués; les dépenses les plus importantes sont celles de la dette publique, de l'armée, de la marine et de l'instruction publique. Le budget est voté chaque année, d'abord par la Chambre des députés, ensuite par le Sénat.

11. Ministère des Colonies. — Ce ministère s'occupe de nos *colonies,* qui se sont considérablement accrues depuis 1870 ; elles sont administrées par des *gouverneurs* et des *résidents*.

12. Ministère des Travaux publics. — Ce ministère a pour mission de surveiller l'exécution des travaux faits dans l'intérêt *public*, c'est-à-dire dans l'intérêt de toute la nation : tels sont ceux qui concernent les routes nationales, les canaux, les ports, les chemins de fer, etc.

13. Ministère de l'Agriculture. — Ce ministère a une grande importance, car l'*agriculture* occupe, en France, près des deux tiers des habitants. Le ministre de l'Agriculture organise les *concours régionaux* et encourage les *comices agricoles*. Il est chargé d'administrer les forêts de l'Etat. L'enseignement agricole est donné à l'Institut agronomique de Paris, dans les écoles d'agriculture de Grignon, de Grand-Jouan et de Montpellier, dans les écoles pratiques d'agriculture et dans les fermes-écoles. Il est donné en outre par les professeurs départementaux d'agriculture.

La décoration du *Mérite agricole* a été créée pour récompenser les services rendus à l'agriculture.

14. Ministère du Commerce et de l'Industrie. — Ce ministère est chargé de veiller aux intérêts du *commerce* et de l'*industrie ;* il organise les expositions universelles. Le ministre du Commerce et de l'Industrie a sous sa direction : le Conservatoire des arts et métiers, à Paris ; les trois écoles d'arts et métiers d'Aix, Châlons-sur-Marne et Angers, etc.

Les *postes et télégraphes* sont également sous sa direction. Vous vous êtes peut-être déjà demandé ce que devient une lettre que vous déposez dans la boîte aux lettres. Le *facteur rural* l'emporte au *bureau de poste* voisin ; de là, elle est expédiée, ordinairement par le chemin de fer, au bureau de poste le plus voisin de la commune habitée par la personne à qui vous écrivez; elle est remise à un facteur, qui la porte à destination.

Quant aux *télégrammes* (ou *dépêches télégraphiques*), ils sont expédiés par les employés des postes, au moyen d'appareils spéciaux installés dans les bureaux de poste et des fils télégraphiques que vous voyez le long des routes.

RÉSUMÉ

Le *pouvoir exécutif* est exercé par le président de la République et par les ministres.

Le *président de la République* est le chef de l'Etat; il est élu pour sept ans par le *Congrès*. Il promulgue les lois, nomme les ministres, convoque le Parlement, et peut, avec l'autorisation du Sénat, dissoudre la Chambre des députés.

Les *ministres* gouvernent et font exécuter les lois. Il y a actuellement onze ministres; ce sont : les ministres de l'*Intérieur*; des *Affaires étrangères*; des *Finances*; de la *Justice*; de la *Guerre*; de la *Marine*; de l'*Instruction publique et des Beaux-Arts*; des *Colonies*; des *Travaux publics*; de l'*Agriculture*; du *Commerce et de l'Industrie*.

Le ministère de l'*Intérieur* est l'un des plus importants, parce qu'il a l'administration *intérieure* de la France : il a sous sa direction les préfets, les sous-préfets et les maires.

Le ministère des *Affaires étrangères* s'occupe des relations de la France avec les puissances *étrangères*.

Le ministère des *Finances* est chargé de veiller à la bonne administration des *finances*, c'est-à-dire des ressources fournies par les *impôts*.

Il y a deux sortes de contributions : les *contributions directes* et les *contributions indirectes*. Les premières sont au nombre de quatre : 1° La *contribution personnelle-mobilière*; 2° la *contribution des portes et fenêtres*: 3° la *contribution foncière*; 4° la *contribution des patentes* Il y a, en outre, des *taxes* diverses sur les chiens, les chevaux et voitures, etc.

Les contributions indirectes se divisent en *impôts de consommation* (sur les boissons, le sel, le sucre, etc.), et en *droits* de douane, de timbre et d'enregistrement. Celui qui cherche à se soustraire aux droits de douane par la *contrebande* fait acte de mauvais citoyen.

Le *budget de l'Etat* dépasse la somme énorme de 3 milliards par an. Il est voté par la Chambre des députés, puis par le Sénat.

Le ministère des *Colonies* s'occupe de nos *colonies*, qui **se** sont considérablement accrues depuis 1870.

Le ministère des *Travaux publics* a pour mission de surveiller l'exécution des travaux faits dans l'intérêt *public* (routes nationales, canaux, chemins de fer, etc.).

Le ministère de l'*Agriculture* a une grande importance, car l'*agriculture* occupe, en France, près des deux tiers des habitants. La décoration du *Mérite agricole* a été créée pour récompenser les services rendus à l'agriculture.

Le ministère du *Commerce et de l'Industrie* est chargé de veiller aux intérêts du *commerce* et de l'*industrie*; il s'occupe également des *postes et télégraphes*.

LECTURES

Le président de la République. (Bruno, *les Enfants de Marcel*, p. 204.)

Les divers ministères. (Bruno, *id.*, p. 206.)

L'impôt. (Bruno, *id.*, p. 77.)

Les impôts. (Bruno, *Francinet*, p. 251.)

Les contributions directes et indirectes. (Bruno, *les Enfants de Marcel*, p. 80.)

SUJETS DE RÉDACTION DONNÉS AU CERTIFICAT D'ÉTUDES PRIMAIRES

I. — Le pouvoir exécutif.

Le président de la République. — Le pouvoir exécutif... Le président de la République; ses attributions, sa responsabilité... Comment est-il élu?... Présidents de la République depuis 1875. (*Puy-de-Dôme*, 1893.)

II. — Le président de la République.

Le président de la République doit venir visiter votre département. Expliquez à votre petit frère ce qu'il est, par qui il a été nommé, pour combien de temps, quel est son pouvoir. (*Nord*.)

III. — Les ministres et les ministères.

Qu'entend-on par ministre? Par qui les ministres sont-ils nommés? Enumération des principaux ministères et attributions de chacun. (*Jura*.)

IV. — Les impôts.

Les impôts. — A quoi sert l'argent provenant des impôts?... Diverses sortes d'impôts... Qui vote les impôts et en règle l'emploi? (*Loire*, 1893.)

V. — Le percepteur.

Vous avez vu récemment le percepteur venir dans votre commune. Que vient-il y faire? Quels sont les impôts qu'il perçoit, et à quoi sert l'argent qu'il reçoit ainsi? (*Oise*, 1895.)

Le tribunal.

CHAPITRE VII

LA JUSTICE. TRIBUNAUX JUDICIAIRES. TRIBUNAUX ADMINISTRATIFS

Sommaire. — I. 1. *Deux sortes de tribunaux.* — 2. *La justice de paix.* — 3. *Organisation de la justice.* — 4. *Tribunal de première instance ou d'arrondissement.* — 5. *Tribunal de commerce. Conseil de prud'hommes.* — 6. *Cour d'appel.* — 7. *Ministère public.* — 8. *Cour d'assises.* — 9. *Justice civile et justice pénale.* — 10. *Cour de cassation.*
II. 11. *Conseil de préfecture.* — 12. *Cour des comptes.* — 13. *Conseil d'État.* — 14. *Ministère de la Justice.*

I. — Tribunaux judiciaires.

1. — Il y a deux sortes de tribunaux : les tribunaux *judiciaires* et les tribunaux *administratifs*.

2. La justice de paix. — Vous savez que le premier et le plus simple des tribunaux judiciaires est la *justice de paix*, ou *tribunal de simple police*, qui existe dans chaque chef-lieu de canton. Il a été institué par l'Assemblée nationale en 1790, et ne comprend qu'un seul juge, le *juge de paix*, dont la mission est toute de conciliation : ainsi que son nom l'indique, il cherche à mettre les plaideurs d'accord pour leur éviter des procès coûteux.

Comme *juge civil*, il règle les affaires de peu d'importance et exigeant une prompte solution. Il statue sans appel jusqu'à la valeur de trois cents francs, et en premier ressort seulement jusqu'à la valeur de six cents francs pour les actions mobilières : par exception, il juge avec appel jusqu'à quinze cents francs dans quelques cas déterminés. Sur certaines affaires, quelle qu'en soit la valeur, il statue en premier ressort, par exemple pour les questions de bornage.

Comme *tribunal de simple police*, la justice de paix réprime les *contraventions*[1] pouvant entraîner des peines de un à quinze francs d'amende et de un à cinq jours de prison.

Le juge de paix est assisté d'un *greffier*.

3. — Supposez que votre père ait un voisin (appelé Chicaneau), qui lui doit cent cinquante francs et qui nie sa dette, ne voulant pas la payer; votre père le cite en justice de paix et gagne. Chicaneau n'accepte pas la sentence qui le condamne; il va en appel devant le *tribunal de première instance* ou *d'arrondissement :* c'est son droit. Mais il sera encore condamné, et, cette fois, *en dernier ressort*[2]. Sans cela, il est probable qu'il serait allé à la *cour d'appel*, comme il l'a déjà fait pour un autre procès qu'il avait perdu en premier ressort devant le tribunal d'arrondissement. Il peut même aller jusqu'à la *cour de cassation*, qui siège à Paris.

Cela vous montre combien le législateur a pris de précautions pour l'organisation de la justice, en permettant à un citoyen qui se croit condamné à tort par un tribunal de se faire juger par un tribunal supérieur.

Comme vous le voyez, le tribunal le plus simple est la justice de paix. Vient ensuite le tribunal de première ins-

---

1. *Contravention*. C'est la plus légère infraction aux lois et règlements : elle est réprimée par le tribunal de simple police.

2. *En dernier ressort*. Cette expression signifie que l'affaire n'est pas susceptible d'appel.

tance; puis la cour d'appel, et enfin la cour de cassation.

Il y a, en outre, dans chaque département, un tribunal spécialement chargé de juger les crimes : c'est la *cour d'assises*.

4. Tribunal de première instance[1], ou d'arrondissement. — Il se compose d'au moins trois juges, dont un est *président du tribunal*. Lorsqu'il juge les affaires *civiles*, c'est-à-dire les différends entre particuliers, il s'appelle *tribunal civil;* quand il réprime les *délits*[2], il prend le nom de *tribunal correctionnel*, parce qu'il inflige des peines *correctionnelles :* seize francs d'amende au minimum, de six jours à cinq ans de prison. L'un des juges, appelé *juge d'instruction*, est chargé d'*instruire* les faits criminels, c'est-à-dire de les constater.

Auprès du tribunal, il y a un *procureur de la République*, qui accuse ceux qui ont commis des délits et demande qu'on les punisse ; il est secondé par un ou plusieurs *substituts*.

5. Tribunal de commerce. — Des tribunaux de commerce sont établis dans les villes où les besoins du service l'exigent. Ils statuent spécialement sur les contestations relatives aux actes de commerce.

Enfin, dans les localités où l'exigent les besoins de l'industrie, il existe des *conseils de prud'hommes*[3], qui agissent soit comme conciliateurs, soit pour juger certains différends entre ouvriers et patrons.

6. Cour d'appel. — Ce tribunal comprend un certain nombre de juges appelés *conseillers;* il est composé de plusieurs *chambres* ayant chacune ses attributions et son *président,* nommé *président de chambre.* La cour d'appel a pour chef un *premier président.*

Il y a vingt-six cours d'appel en France et une à Alger.

---

1. *Tribunal de première instance.* Il est ainsi appelé parce que c'est devant lui que sont portés, pour la *première fois,* la plupart des procès.
2. *Délit.* C'est une infraction à la loi, plus grave que la contravention, et punie par les tribunaux correctionnels.
3. *Prud'homme* veut dire homme probe et sage.

7. Ministère public. — De même qu'il y a un procureur de la République auprès du tribunal de première instance, il y a, auprès de la cour d'appel, un *procureur général*, assisté d'un ou plusieurs *avocats généraux* et d'un ou plusieurs *substituts*. Ce sont ces magistrats qui remplissent, auprès des tribunaux, les fonctions de *ministère public*, et forment ce qu'on nomme le *parquet*. Ces fonctions sont exercées, dans les justices de paix, ordinairement par les maires des chefs-lieux de canton.

8. Cour d'assises. — Elle siège tous les trois mois au moins, presque toujours au chef-lieu du département. Elle comprend deux groupes distincts de personnes : 1° le *jury*, composé de douze *jurés*, qui juge l'accusé, en faisant connaître si, oui ou non, il est coupable ; 2° la *cour proprement dite*, c'est-à-dire le *tribunal* (formé de trois juges, dont l'un, le *président*, est un conseiller à la cour d'appel), qui condamne ou acquitte l'accusé selon le *verdict* [1] du jury.

Les douze jurés sont tirés au sort, pour chaque affaire, sur une liste de trente-six noms, pris parmi les citoyens du département.

Voici comment les choses se passent. Supposons que C... ait, par vengeance, essayé de tuer son voisin, avec qui il avait un procès. Son affaire est instruite d'abord par le juge d'instruction, qui fait arrêter le prévenu s'il trouve des charges suffisantes contre lui, et communique sa procédure au procureur de la République ; ensuite, il prend une ordonnance de renvoi à la chambre des mises en accusation de la cour d'appel. Le procureur général fait son rapport, et la chambre des mises en accusation rend un arrêt de non-lieu [2] ou un arrêt de renvoi en cour d'assises.

En cour d'assises, le président demande au prévenu ses nom, prénoms, âge, profession, demeure et lieu de nais-

---

1. *Verdict*, décision, c'est-à-dire résultat de la délibération du jury.
2. *Non-lieu*, déclaration d'un tribunal pour constater qu'il n'y a pas lieu de poursuivre.

sance, pour constater l'identité de l'accusé. Il reçoit
ensuite le serment des jurés ; puis, après que le greffier a
lu l'acte d'accusation, il fait subir à l'accusé un interrogatoire sur les circonstances du fait incriminé, et procède
à l'audition des témoins. Le procureur (ou l'avocat
général) fait son *réquisitoire*, dans lequel il *requiert*[1] la
condamnation de l'accusé. Ce dernier est assisté d'un
avocat, qui le défend dans un discours appelé *plaidoyer*,
en faisant valoir les circonstances atténuantes, les raisons
pouvant faire croire qu'il n'est pas coupable.

Ensuite, le jury se retire dans une salle pour délibérer
sur les questions qui lui sont soumises, et, s'il reconnaît
que l'accusé est coupable, pour décider s'il y a des circonstances atténuantes, qui diminueront la gravité de la
peine.

L'arrêt de la cour d'assises peut être porté, en *appel*,
devant la cour de cassation.

Pour que vous compreniez mieux, nous allons représenter la cour d'assises. La cour va être formée par les
deux élèves qui ont obtenu leur certificat d'études l'année
dernière et qui vont venir s'asseoir au bureau à côté de moi,
qui serai le président. Les trente-six premiers élèves vont
écrire leur nom sur un morceau de papier. Je mets ces
noms dans une boîte ; je vais en tirer douze : ceux qui
seront appelés viendront se placer à droite du bureau et
formeront le jury. Qui va être l'accusé ? Personne ne se
présente. Nous allons prendre le petit Emile, qui vient
d'entrer à l'école, et qui a détruit un nid d'oiseaux. Il va
se mettre à gauche, avec Henri, qui a autrefois fait comme
lui, et sera son avocat. Eugène, secrétaire de notre
société protectrice scolaire, qui est un zélé protecteur des
oiseaux, soutiendra l'accusation, comme le fait le procureur de la République, et se placera à côté du jury. Quand
les débats seront terminés, le jury se rendra dans le préau
pour délibérer.

9. Justice civile et justice pénale. — Comme

---

1. *Requérir*, demander l'application de la loi.

vous le voyez, il y a la justice *civile* (qui règle les contestations entre les individus), et la justice *pénale* ou *criminelle* (qui inflige des *peines* pour punir les infractions aux lois).

10. Cour de cassation. — Elle *casse* le jugement ou l'arrêt qui lui est déféré et renvoie l'affaire devant un autre tribunal, ou bien elle rejette le pourvoi qui a été formé devant elle.

Toutes les affaires peuvent être portées devant elle, aussi bien les *sentences* du juge de paix que les *jugements* des tribunaux d'arrondissement ou de commerce, et les *arrêts* de la cour d'assises ou de la cour d'appel.

II. — Tribunaux administratifs.

11. Conseil de préfecture. — Le conseil de préfecture, composé ordinairement de trois membres, est établi au chef-lieu de chaque département. Il statue sur les réclamations en matière d'impôts directs, ou relatives à l'exécution des travaux publics, etc. ; il statue également sur les contestations relatives aux opérations électorales municipales.

12. Cour des comptes. — Ses attributions consistent notamment dans l'examen et le jugement des comptes des comptables de deniers publics ; elle siège à Paris.

13. Conseil d'Etat. — C'est à la fois un *conseil du gouvernement* et un *tribunal administratif*. Comme conseil, il émet des avis sur les questions qui lui sont soumises par les ministres, et prépare les projets de loi qui lui sont soumis ainsi que les règlements d'administration publique. Comme tribunal, il statue sur les recours formés contre les actes administratifs et contre les arrêts du conseil de préfecture. Il constitue une cour de cassation administrative, en ce sens qu'il peut annuler certains arrêts de la cour des comptes ou les décisions des conseils de revision. Il siège à Paris.

14. Ministère de la Justice. — Le pouvoir judiciaire est dirigé par le ministre de la *Justice*, qui porte le titre de *garde des sceaux*. Il est président du Conseil d'Etat. C'est lui qui propose au président de la République la nomination de tous les magistrats.

RÉSUMÉ

I. — Il y a deux sortes de tribunaux : les tribunaux *judiciaires* et les tribunaux *administratifs*.

Le plus simple des tribunaux judiciaires est la *justice de paix* ou *tribunal de simple police*, qui a surtout pour mission de concilier les plaideurs. Comme *juge civil*, le juge de paix règle les affaires de peu d'importance et exigeant une prompte solution. Il statue sans appel jusqu'à 300 francs, et avec appel jusqu'à 600 francs, et même davantage sur certaines affaires. Comme *tribunal de simple police*, il réprime les *contraventions* pouvant entraîner des peines de 1 à 15 francs d'amende, et de un à cinq jours de prison. Le juge de paix est assisté d'un *greffier*.

Après la justice de paix vient le *tribunal de première instance* ou *d'arrondissement*, puis la *cour d'appel*, et enfin la *cour de cassation*. Les crimes sont jugés par un tribunal spécial : la *cour d'assises*.

Le *tribunal de première instance* se compose d'au moins trois juges, dont un est *président du tribunal*. Il est tribunal *civil*, c'est-à-dire juge les affaires *civiles*, et tribunal *correctionnel*, parce qu'il inflige des peines *correctionnelles* : 16 francs d'amende au minimum, de six jours à cinq ans de prison. L'un des juges, appelé *juge d'instruction*, est chargé d'*instruire* les faits criminels. Auprès du tribunal, il y a un *procureur de la République*, qui demande la punition de ceux qui ont commis des *délits*.

Les jugements du tribunal de première instance peuvent être portés en *seconde instance* devant la *cour d'appel*. C'est un tribunal composé d'un certain nombre de juges appelés *conseillers*. Il y a vingt-six cours d'appel en France et une à Alger.

Le *ministère public* est exercé auprès de la cour d'appel par un *procureur général;* auprès du tribunal de première instance par un *procureur de la République*, et, dans les justices de paix, ordinairement par les maires des chefs-lieux de canton.

La *cour d'assises* siège tous les trois mois au moins, presque partout au chef-lieu du département. Elle comprend deux groupes distincts de personnes : 1° le *jury*, composé de douze *jurés*, qui déclare si, oui ou non, l'accusé est coupable; 2° la *cour*, c'est-à-dire le *tribunal* (formé de trois juges, dont l'un, le *président*, est un *conseiller* à la cour d'appel), qui condamne ou acquitte l'accusé, d'après le *verdict* du jury.

Les douze jurés sont tirés au sort sur une liste de trente-six noms, pris parmi les citoyens du département.

L'accusé est assisté d'un *avocat*, qui le défend.

Il y a : la justice *civile* (qui règle les contestations entre particuliers) et la justice *pénale* ou *criminelle* (qui inflige des *peines* pour punir les coupables).

La *cour de cassation* est le tribunal supérieur. Elle *casse* le jugement ou l'arrêt qui lui est déféré et renvoie l'affaire devant un autre tribunal, ou bien elle rejette le pourvoi qui a été formé devant elle. Toutes les affaires peuvent être portées devant elle.

II. — Le *conseil de préfecture* statue sur les réclamations en matière d'impôts directs, sur les contestations relatives aux opérations électorales municipales, etc.

Les attributions de la *cour des comptes* consistent dans l'examen et le jugement des comptes des comptables de deniers publics.

Le *Conseil d'État* est à la fois un *conseil du gouvernement* et un *tribunal administratif*. Comme conseil, il prépare les projets de loi et les règlements d'administration publique. Comme tribunal, il statue sur les recours formés contre les actes administratifs et contre les arrêts du conseil de préfecture. Il constitue une cour de cassation administrative.

Le pouvoir judiciaire est dirigé par le ministre de la *Justice*, qui est aussi appelé *garde des sceaux*. Il propose au président de la République la nomination de tous les magistrats.

LECTURES

La justice civile. Le juge de paix et les divers tribunaux. (Bruno, *les Enfants de Marcel*, p. 174.)

Les procès aujourd'hui. — Les juges de paix. (Bruno, *Francinet*, p. 214.)

Le tribunal. (Bruno, *Instruction morale et civique*, p. 125.)

Michel de l'Hôpital. (Bruno, *le Tour de la France*, p. 138.)

La lutte contre les malfaiteurs. (Bruno, *les Enfants de Marcel*, p. 158.)

L'interrogatoire du juge d'instruction. (Bruno, *id.*, p. 164.)

La justice pénale. — La cour d'assises. (Bruno, *id.*, p. 170.)

SUJETS DE RÉDACTION DONNÉS AU CERTIFICAT D'ÉTUDES PRIMAIRES

I. — Le juge de paix.

Qu'est-ce qu'un juge de paix ?... Depuis quand en France y a-t-il des juges de paix ?... Quelles sont leurs attributions ?... Donnez des exemples familiers. (*Deux-Sèvres*, 1893.)

II. — La justice.

Parlez des contraventions et du tribunal qui les juge. Citez des exemples de contravention. — Parlez de même des délits et des crimes. — Montrez que la société est fondée sur la justice. (*Hérault*, 1893.)

III. — La justice criminelle.

Dites ce que vous savez de la justice pénale. Qu'est-ce que la justice pénale ? Contraventions, délits et crimes. Tribunaux de simple police et correctionnels. Cour d'assises. Cour de cassation. (*Haute-Garonne*.)

IV. — La cour d'assises.

Expliquez l'organisation et le fonctionnement de la cour d'assises, et dites pourquoi la cour d'assises ne se compose pas exclusivement de magistrats comme les autres tribunaux. (*Oise*, 1894.)

Les gendarmes.

CHAPITRE VIII

LA FORCE PUBLIQUE. L'ARMÉE

SOMMAIRE. — 1. *La force publique.* — 2. *L'armée.* — 3. *Ministère de la Guerre.* — 4. Service militaire. — 5. Recrutement de l'armée. — 6. Différentes sortes de troupes. — 7. Grades. — 8. Organisation militaire. Le régiment. — 9. Le drapeau. — 10. La discipline militaire. — 11. *Ministère de la Marine.* — 12. Recrutement des marins. — 13. Organisation de la flotte. — 14. Grade des officiers de marine.

1. La force publique. — Vous venez de voir, mon enfant, que le pouvoir judiciaire a surtout pour but de réprimer la violation des lois. Il est secondé dans cette tâche par la *force publique*, qui comprend : 1° la *police* (gardes champêtres, agents de police, etc.), et la *gendarmerie*, chargée de veiller au maintien de l'ordre et à l'exécution des lois; 2° l'*armée*, qui a pour mission de défendre la patrie.

2. L'armée. — Il y a deux sortes d'armées : 1° l'*armée de terre*, qui dépend du ministère de la *Guerre ;* 2° l'*armée de mer*, qui est sous les ordres du ministre de la *Marine*.

3. Ministère de la Guerre. — Le ministre de la *Guerre* est chargé de veiller à la sécurité du territoire en assurant l'exécution des lois relatives au *service militaire*.

4. — D'après les lois actuelles, vous devez le service militaire personnel, et vous ferez partie successivement :

De l'armée active pendant deux ans ;

De la réserve de l'armée active pendant onze ans ;

De l'armée territoriale pendant six ans ;

De la réserve de l'armée territoriale pendant six ans. Total : vingt-cinq ans.

5. — Le *recrutement* de l'armée de terre comprend trois opérations principales : le *recensement*, le *tirage au sort* et la *revision*.

Chaque année, au 1ᵉʳ janvier, les maires des communes

L'armée.

de chaque canton dressent le tableau de *recensement* des jeunes gens ayant atteint l'âge de vingt ans au 31 décembre précédent. Ainsi, quand vous aurez vingt ans, vous serez inscrit sur ce tableau. Vous vous rendrez au chef-lieu de canton, avec les jeunes gens du même âge que vous, pour vous présenter devant le *conseil de revision*, présidé par le préfet.

6. — Si vous n'êtes pas réformé par le conseil de revision, vous serez incorporé, quelques mois après, dans l'un des *régiments* qui composent l'armée française.

Celle-ci renferme quatre sortes de troupes : l'*infanterie*, la *cavalerie*, l'*artillerie* et le *génie*.

7. — Voici quels sont les *grades* que vous pourriez obtenir successivement, si vous aviez l'intention de suivre la carrière militaire : *caporal, sergent, sergent-major* (*brigadier, maréchal des logis, maréchal des logis chef*, dans la cavalerie et l'artillerie ; *adjudant, sous-lieutenant, lieutenant, capitaine, commandant* (ou *chef de bataillon* dans l'infanterie, *chef d'escadron* dans la cavalerie et l'artillerie), *lieutenant-colonel, colonel, général de brigade, général de division.*

8. — La base de l'organisation militaire, c'est le *régiment*, qui forme une grande famille, dont le chef (le *colonel*) est le père.

Deux régiments forment une *brigade*, commandée par un *général de brigade;* deux brigades, une *division*, commandée par un *général de division*. La réunion de deux divisions d'infanterie, d'une brigade de cavalerie, d'une brigade d'artillerie, d'un bataillon du génie, d'un escadron du train des équipages et d'une section de troupes d'administration, constitue un *corps d'armée*, commandé par un *général commandant de corps*. L'armée française est composée de vingt corps d'armée.

Le régiment comprend plusieurs *bataillons* (*escadrons* dans la cavalerie, *batteries* dans l'artillerie), placés sous les ordres des *commandants* et des *chefs d'escadron;* chaque bataillon est divisé en plusieurs *compagnies*, commandées par des *capitaines.*

TABLEAU MILITAIRE

des cinq grandes puissances continentales en 1898

(D'après la Revue encyclopédique.)

	FRANCE	RUSSIE	ALLEMAGNE	AUTRICHE-HONGRIE	ITALIE
Budget militaire (y compris le budget extraordinaire)............	629,551,397 fr.	950,000,000	675,000,000	415,000,000	246,000,000
Effectifs budgétaires.............	28,409 officiers. 561,141 hommes de troupe.	31,000 officiers. 760.000 hommes de troupe.	26,856 officiers. 566.000 hommes de troupe.	22,400 officiers. 305,000 hommes de troupe.	14.200 officiers. 208,000 hommes de troupe.
Force de la classe............	335,000 hommes.	965,000 hommes.	430,000 hommes.	375,000 hommes.	250,000 hommes.
Contingent incorporé..........	231,000 hommes.	260,000 hommes.	240,000 hommes.	125,000 hommes.	110,000 hommes.
Nombre de corps d'armée sur pied de paix..................	20	22	20	15	12
Bataillons d'infanterie...........	593	862	624	462	345
Escadrons de cavalerie..........	456	660	465	252	144
Batteries d'artillerie de campagne.	512 (3,072 pièces).	400 (3,072 pièces).	494 (2,964 pièces).	187 (1,452 pièces).	207 (1,242 pièces).
Compagnies du génie (défalcation faite des troupes de chemins de fer).	82	92	92	60	60
Troupes d'opération.............	1,550,000	2,100,000	1.600,000	950,000	750,000
Troupes de campagne de première ligne.................	850,000	1,550,000	1,000,000	700,000	500,000

9. Le drapeau. — Chaque régiment a son *drapeau*, sur lequel est gravée en lettres d'or cette fière devise : *Honneur et Patrie.* C'est l'emblème sacré de la patrie :

Le drapeau français.

tous les soldats le défendent jusqu'à la mort. Il porte les noms des victoires auxquelles le régiment a contribué.

10. La discipline militaire. — Les soldats doivent obéir aux règlements qui maintiennent l'ordre dans l'armée et se soumettre à la *discipline militaire*, qui est très sévère. Les fautes qu'ils commettent sont réprimées, quand elles sont très graves, par un *tribunal militaire* appelé *conseil de guerre*, d'après le *Code militaire*, qui est beaucoup plus rigoureux que le *Code pénal.*

11. Ministère de la Marine. — L'armée de mer, ou *marine militaire*, est chargée de défendre nos côtes et nos colonies, et de protéger le commerce français.

Elle se compose :

1° De la *flotte* et des *marins* qui doivent combattre sur mer ;

2° De huit régiments d'*infanterie de marine*, recrutés comme l'armée de terre et créés pour la défense des colonies.

12. — Les *marins* se recrutent surtout par l'*inscription maritime*. En vertu de cette institution, les *pêcheurs* et les *matelots* du littoral sont inscrits sur un registre spécial et font en temps de paix trois ans de service actif sur les *navires de guerre* de l'Etat : ils sont à la disposition du ministre de la Marine depuis dix-huit ans jusqu'à cinquante ans.

13. — La *flotte* française est divisée en *escadres* comprenant chacune plusieurs *vaisseaux.* Le littoral forme cinq *arrondissements maritimes*, ayant pour chefs-lieux nos cinq *ports militaires*, et dirigés par des *préfets mari-*

times; ce sont : Cherbourg, Brest, Lorient, Rochefort et Toulon.

14. — Les grades des *officiers de marine* sont : *aspirant, enseigne de vaisseau, lieutenant de vaisseau, capitaine de frégate, capitaine de vaisseau, contre-amiral, vice-amiral;* ces deux derniers grades correspondent à ceux de général de brigade et de général de division.

RÉSUMÉ

Le pouvoir judiciaire est secondé par la *force publique,* qui comprend : 1° la *police* et la *gendarmerie;* 2° l'*armée.*

Il y a deux sortes d'armées : l'*armée de terre,* dépendant du ministère de la *Guerre,* et l'*armée de mer,* placée sous les ordres du ministre de la *Marine.*

Le ministre de la Guerre est chargé de l'exécution des lois relatives au *service militaire.* Tout Français fait partie : de l'armée active pendant deux ans; de la réserve de l'armée active pendant onze ans; de l'armée territoriale pendant six ans; de la réserve de l'armée territoriale pendant six ans. Total : vingt-cinq ans.

Le *recrutement* de l'armée de terre comprend : le *recensement* et la *revision.* Tous les jeunes gens âgés de vingt ans sont inscrits sur le tableau de *recensement* dressé dans chaque commune et vont au chef-lieu de canton pour se présenter devant le *conseil de revision.*

L'armée comprend quatre sortes de troupes : l'*infanterie,* la *cavalerie,* l'*artillerie* et le *génie.* Il y a vingt corps d'armée. Les grades sont : *caporal, sergent, sergent-major, adjudant, sous-lieutenant, lieutenant, capitaine, commandant, lieutenant-colonel, colonel, général de brigade, général de division.*

Le *régiment* est commandé par un *colonel.* Il comprend plusieurs *bataillons* placés sous les ordres des **commandants;** chaque bataillon est divisé en plusieurs *compagnies,* commandées par des *capitaines.* Chaque régiment a son *drapeau,* emblème de la patrie, que tous les soldats défendent jusqu'à la mort.

Les soldats doivent se soumettre à la *discipline militaire,* qui est très sévère; leurs fautes sont punies rigoureusement par le *conseil de guerre.*

L'armée de mer, ou *marine militaire,* est chargée de défendre nos côtes et nos colonies. Les *marins* sont recrutés parmi les *inscrits maritimes,* de dix-huit à cinquante ans, et font trois ans de service actif. La *flotte* française est divisée en *escadres* de chacune plusieurs *vaisseaux*. Le littoral forme cinq *arrondissements maritimes*, ayant pour chefs-lieux nos cinq *ports militaires*, et dirigés par des *préfets maritimes*. Les grades des *officiers de marine* sont : *aspirant, enseigne de vaisseau, lieutenant de vaisseau, capitaine de frégate, capitaine de vaisseau, contre-amiral, vice-amiral.*

LECTURES

La force publique. La police. (Bruno, *les Enfants de Marcel*, p. 168.)
L'armée. Le conseil de revision. (Bruno, *id.*, p. 149.)
Les devoirs du soldat. (Bruno, *id.*, p. 151.)
Les ministères de la Guerre et de la Marine. (Bruno, *id.*, p. 206.)

SUJETS DE RÉDACTION DONNÉS AU CERTIFICAT D'ÉTUDES PRIMAIRES

I. — L'armée.

Dites ce que vous savez sur l'organisation de l'armée française, sur la durée du service militaire, sur les obligations du soldat. (*Isère*, 1893.)

II. — Le service militaire.

Le service militaire. — La durée du service. Dites quelques mots de l'organisation de l'armée active et de l'armée territoriale. — Quels doivent être les sentiments du jeune soldat lorsqu'à la première revue du régiment on lui présente le drapeau tricolore? (*Oise.*)

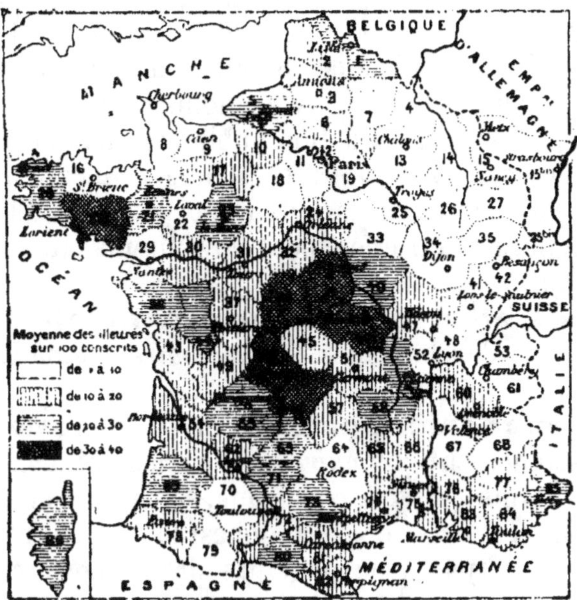

Carte de *l'Instruction primaire.*

CHAPITRE IX

L'ENSEIGNEMENT PUBLIC

———

Sᴏᴍᴍᴀɪʀᴇ. — 1. *L'enseignement public.* — 2. Trois degrés d'enseignement. — 3. Enseignement primaire. — 4. Écoles dans lesquelles il est donné. — 5. Enseignement secondaire. — 6. Enseignement supérieur. — 7. *Ministère de l'Instruction publique et des Beaux-Arts.* — 8. Académies. — 9. Beaux-Arts.

1. L'enseignement public. — Mon enfant, vous venez tous les jours à l'école, vous et vos camarades. Dans toutes les communes de France, les enfants font de même ; car, maintenant, il y a des écoles publiques partout, même dans certains hameaux éloignés, afin que les enfants n'aient pas de trop longues distances à parcourir pour s'y rendre. Il n'en était pas de même autrefois : bien des enfants ne recevaient pas d'instruction parce qu'il n'y avait pas d'écoles dans toutes les communes. Ce sera l'honneur de la troisième République d'en avoir fait construire beaucoup et d'avoir donné les plus grands développements à l'instruction publique, particulièrement à l'enseignement *primaire*. C'est que l'éducation de la jeunesse est la fonction la plus importante de l'Etat : un homme ignorant, en effet, peut devenir un citoyen dangereux pour la société.

2. **Les trois degrés d'enseignement.** — Il y a trois ordres d'enseignement : *primaire, secondaire* et *supérieur*.

3. **Enseignement primaire.** — Vous avez appris que l'enseignement *primaire* est légalement *obligatoire* pour les enfants de six à treize ans. C'est que, si l'enfant ne peut pas être privé de pain, qui est la nourriture nécessaire à son corps, il ne peut pas davantage être privé d'*instruction*, qui est la nourriture indispensable à son intelligence. L'enseignement primaire *public* est *gratuit* (loi du 16 juin 1881), pour que les parents pauvres puissent se soumettre à l'obligation scolaire ; de plus, il est *laïque*, c'est-à-dire étranger aux différents cultes existant en France, afin de ne pas froisser les croyances des enfants qui sont obligés de fréquenter l'école, et qui peuvent appartenir à des religions différentes.

4. — L'Etat fait donner l'enseignement primaire public dans les écoles *maternelles* (de deux à six ans), dans les écoles *primaires élémentaires* (de six à treize ans), et dans les écoles *primaires supérieures*. Les bons écoliers peuvent obtenir le *certificat d'études primaires*, délivré à tous les élèves qui ont subi l'examen avec succès : ce modeste diplôme est nécessaire pour pouvoir entrer dans les écoles primaires supérieures ou dans les *cours complémentaires*.

Les *instituteurs* et les *institutrices* qui donnent cet enseignement doivent être pourvus du *brevet élémentaire* ou du *brevet supérieur*. Ils sont ordinairement préparés à leurs délicates et difficiles fonctions dans les *écoles normales primaires*, qui sont gratuites ; ils sont nommés par le *préfet*, sur la proposition de *l'inspecteur d'académie*. L'enseignement primaire est surveillé et dirigé dans chaque département par les *inspecteurs primaires* et l'*inspecteur d'académie*, qui a également la surveillance des lycées et des collèges. Les écoles primaires peuvent être aussi surveillées par le *maire* et les *délégués cantonaux*, dont la mission principale est de seconder l'instituteur et d'encourager la fréquentation régulière des écoles.

5. Enseignement secondaire. — L'enseignement *secondaire* est plus élevé que l'enseignement primaire ; il est donné dans les *lycées* et les *collèges* par des *professeurs* licenciés ou agrégés. Il n'est pas gratuit ; mais les enfants intelligents et travailleurs peuvent obtenir une *bourse*, qui leur permet de recevoir cet enseignement.

L'enseignement secondaire conduit aux grandes écoles de l'Etat, telles que : l'*Ecole normale supérieure*, l'*Ecole polytechnique*, l'*Ecole de Saint-Cyr*, etc. Il se divise en enseignement *classique*, qui comprend l'étude des langues mortes (grec et latin), et en enseignement *moderne*, qui s'occupe davantage de l'étude du français et des langues vivantes (anglais, allemand, etc.).

6. Enseignement supérieur. — Comme son nom l'indique, l'enseignement *supérieur* est le plus élevé ; il est donné dans les *facultés* par des professeurs ayant le grade de *docteur*, et dans les grands établissements d'instruction de Paris, tels que : le *Collège de France*, l'*Ecole normale supérieure*, etc. Il y a des facultés de *droit*, de *médecine*, de *lettres* et de *sciences ;* elles préparent aux professions de juges, avocats, médecins, etc.

7. Ministère de l'Instruction publique et des Beaux-Arts. — Le ministre de l'*Instruction publique* veille à l'exécution des lois relatives à l'enseignement. Il est assisté d'un *conseil supérieur de l'instruction publique*.

8. — Au point de vue de l'instruction, la France est divisée en seize *académies*, administrées chacune par un *recteur*, qui est le chef des trois ordres d'enseignement dans son académie. Il y a, en plus, une académie à **Alger**.

Des *inspecteurs généraux*, délégués par le ministre, visitent les écoles, les collèges, les lycées et les facultés.

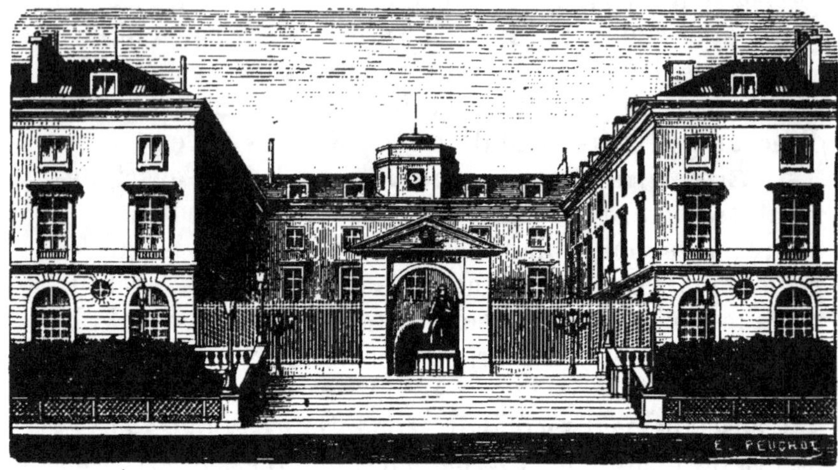

Collège de France.

9. Beaux-Arts. — Les *Beaux-Arts* (peinture, sculpture, architecture, etc.) sont réunis au ministère de l'Instruction publique, qui est chargé de favoriser le développement des arts et de veiller à l'entretien des musées, à la conservation des palais nationaux, des monuments historiques, etc.

———

RÉSUMÉ

L'enseignement public est très répandu aujourd'hui; il y a des écoles publiques partout, même dans les hameaux éloignés. La troisième République en a fait construire beaucoup et a donné les plus grands développements à l'instruction publique, surtout à l'enseignement *primaire*.

Il y a trois degrés d'enseignement : *primaire, secondaire et supérieur*.

L'enseignement *primaire* est *obligatoire* pour les enfants de six à treize ans; il est, de plus, *gratuit* et *laïque*. Il est donné dans les écoles *maternelles*, dans les écoles *primaires élémentaires* et dans les écoles *primaires supérieures*. Le *certi-*

ficat d'études primaires, délivré aux élèves qui ont subi l'examen avec succès, est nécessaire pour entrer dans les écoles primaires supérieures ou dans les *cours complémentaires*. Les *instituteurs* et les *institutrices* qui donnent cet enseignement sont ordinairement préparés dans les écoles *normales primaires*.

L'enseignement primaire est surveillé et dirigé, dans chaque département, par les *inspecteurs primaires* et l'*inspecteur d'académie*, qui surveille également les *lycées* et les *collèges*. Le *maire* et les *délégués cantonaux* doivent encourager la fréquentation des écoles.

L'enseignement *secondaire* est donné dans les *lycées* et les *collèges*. Il se divise en enseignement *classique* (langues mortes), et en enseignement *moderne* (langues vivantes).

Comme son nom l'indique, l'enseignement *supérieur* est le plus élevé. Il est donné dans les *facultés* de *droit*, de *médecine*, de *lettres* et de *sciences*, ainsi que dans les grands établissements de Paris.

Le ministre de l'*Instruction publique* veille à l'exécution des lois relatives à l'enseignement.

La France est divisée en seize *académies*, administrées chacune par un *recteur*. Il y a une académie à Alger.

Les *Beaux-Arts* (peinture, sculpture, architecture, etc.) sont réunis au ministère de l'Instruction publique, qui favorise le développement des arts et veille à l'entretien des monuments publics.

———

LECTURES

Utilité de l'instruction. (Bruno, *le Tour de la France*, p. 81.)
L'enseignement et ses divers degrés. L'enseignement primaire et l'enseignement secondaire. (Bruno, *les Enfants de Marcel*, p. 178.)
L'instruction obligatoire. (Bruno, *Francinet*, p. 163.)
Nécessité de l'intelligence et de l'instruction pour l'agriculture. (Bruno, *id.*, p. 277.)
L'enseignement supérieur. Les facultés. (Bruno, *les Enfants de Marcel*, p. 188.)
Le ministère de l'Instruction publique. (Bruno, *id.*, p. 210.)
Les Beaux-Arts. (Bruno, *Francinet*, p. 361.)

———

SUJETS DE RÉDACTION DONNÉS AU CERTIFICAT D'ÉTUDES PRIMAIRES

I. — L'enseignement primaire obligatoire et gratuit.

Dites quelques mots des lois qui ont rendu l'enseignement primaire obligatoire et gratuit. — Pourquoi est-il obligatoire et gratuit? — Si

ce sont là deux bienfaits, comment devez-vous les reconnaître?
(*Oise*, 1897.)

II. — L'enseignement public.

A quelle catégorie appartient l'enseignement que vous recevez dans
votre école? Existe-t-il dans votre département des établissements
d'enseignement public d'une autre espèce? Nommez-les. Pourquoi,
selon vous, les écoles semblables à la vôtre sont-elles gratuites? (*Seine-
Inférieure*, 1893.)

TABLE DES MATIÈRES

SAINT-CLOUD. — IMPRIMERIE BELIN FRÈRES.